Heinrich Spaemann Auf einen Nenner gebracht

Heinrich Spaemann

AUF EINEN NENNER GEBRACHT

Gesammelte Schriftauslegungen und Meditationen

Kyrios-Verlag GmbH Meitingen · Freising
Veritas-Verlag · Linz · Wien · Passau

THEOLOGIE UND LEBEN 10/11

ISBN 3 7838 0080 3
1. Auflage 1972
© Kyrios-Verlag GmbH Meitingen · Freising 1972
Alle Rechte vorbehalten
Mit kirchlicher Druckerlaubnis, München, 23. 8. 1972,
GV Nr. 6159/60/4 Dr. Gerhard Gruber, Generalvikar
Einbandgestaltung Otto Frings
Gesamtherstellung: Schnaufer-Druck · Tauberbischofsheim

INHALT

I. Das Problem der Bekehrung

1. Die Thematik der Bibel

Kann man die Thematik der Bibel ohne besondere theologische Voraussetzungen auf einen Nenner bringen? Ich würde meinen, ja. Das Thema der Schrift heißt Bekehrung.

Der Mensch von heute ist interessiert an Entwicklung, die Bibel an Bekehrung. Dabei geht sie für unser modernes Empfinden sehr unpädagogisch vor: Sie stellt sich keine psychologischen Probleme, sie ist wenig interessiert an Zwischenstufen und Übergängen religiösen oder sittlichen Verhaltens. Sie konfrontiert uns vielmehr vom ersten bis zum letzten Buch beharrlich mit den äußersten Daseinsgegensätzen: Leben und Tod, Heil und Unheil, Seligkeit und Verlorenheit — und entsprechend mit ungleichen Brüderpaaren wie Kain und Abel, Esau und Jakob, Saul und David, dem linken und dem rechten Schächer. Aber ob sie uns nicht am Ende besser kennt als wir uns selbst?

Der Hang, alles beim alten zu lassen, geht im Menschen so tief, daß eine Entscheidung, die grundlegende Veränderung beinhaltet, von ihm nur zu erwarten ist, wenn er begreift, daß in der kurzen Frist, die er zu leben hat, das Letzte auf dem Spiel steht, und daß er sich entscheiden muß.

In den ersten Versen des biblischen Schöpfungsberichtes heißt es: „Die Erde aber war wüst und leer, und Finsternis lagerte über dem Abgrund ... Und Gott sprach: Es werde Licht! Und es ward Licht. Und Gott sah, daß das Licht gut war. Und Gott schied das Licht von der Finsternis." Paulus sieht in diesem Text das Modell für den Vorgang der Bekehrung

(2 Kor 4,6). In das Dunkel des sündigen Menschen hinein spricht Gott: Es werde Licht! Mit der Erleuchtung, die da geschieht, verbindet sich sofort eine Scheidung: Erkennbarkeit und Erkennen der Abgrundtiefe des Gegensatzes der Bereiche Gut und Böse, Himmel und Hölle. Diese Scheidung drängt mit Vehemenz auf Entscheidung und macht sie möglich. Unausweichlich erkennt jetzt der Mensch: er muß sich entscheiden, sonst geht er nicht in das Reich Gottes ein. Also nicht dadurch, daß er so weitermacht, sich entwickelt, sondern dadurch, daß er wählt.

Bekehrung ist Entscheidung für den Ursprung als Ziel, ist Wahl des Weges, der zur Wiedervereinigung mit dem Ursprung führt — im Gleichnis: die Umkehr des verlorenen Sohnes zum Vater. Ist sie grundsätzlich und grundlegend geschehen, muß sie in den praktischen Vollzügen des Lebens durchgehalten, das bedeutet, auf allen Entwicklungsstufen neu aktualisiert werden. In kirchlicher Gemeinsamkeit und Zeichenhaftigkeit geschieht das bei der Tauferneuerung der Osternacht. Auf sie hin ist Fastenzeit.

Unsere tiefste Gefährdung bis zur Entscheidung und Vollendung bleibt der Rückfall in die Unentschiedenheit, denn damit wäre *die* Chance unseres Daseins endgültig verpaßt. Darum ist umgekehrt unsere wichtigste Aufgabe in dieser Welt, biblisch gesehen, die Entscheidung für den Ursprung — nicht für die Entwicklung, die keiner Entscheidung bedarf. Wird dagegen die Entwicklung selbst zum Entscheidungsinhalt, wird sie selbst also zum „Weg", so ist das die *entschiedene* Loslösung vom Ursprung. Die Entwicklung als „Weg" ist Weg in den Abgrund, sie ist Erde ohne Himmel, sie mordet den inneren Menschen, sie ist Kain, der den Abel erschlug, und der nun wie gejagt ist; sein Leben wird Selbstbehauptung und Angst. — Wer nicht auf einen Lebenssinn hin lebt, verfällt den flüchtigen Lebenszwecken. In der kainitischen Linie liegt die Entstehung der Zweckwelt, einer fortschreitend technisierten und manipulierten Gesellschaft, mit der ständig sich steigernden Dynamik der Überbietung, der je größeren Macht. In ihr wird die Besinnung auf den Ursprung für den einzelnen immer schwieriger, das Existenzziel immer vager.

Zum Usprung führt nur Bekehrung. Das heißt aufs erste: Abbruch der Entwicklung als „Weg". Was bisher Entwicklung war, beginnt dann neu. Es gibt sie auch weiter, aber nicht länger als das, was sie war. Was war sie? Flucht vor dem Jetzt, vor dem Heute Gottes, getarnt als Sorge für den morgigen Tag. Geschieht die Umkehr, ist Entwicklung nicht mehr länger thematisch; sie wird das Hinzugegebene, das Nachgeworfene.

Bekehrung ist Suspendierung der Selbstmacht, Erlösung vom Mythos der eigenen Unabkömmlichkeit, von der Angst; Rückkehr zum Vertrauen.

Der Hang des Menschen, im Eigentlichen, in der Tiefe, da, wo es um sein Verhalten zu Gott und dem Mitmenschen geht, alles beim alten zu lassen, ist schwer überwindlich. Er kompensiert sein Versagen in diesem Punkt lieber durch äußere Veränderungen, durch selbstgesteuerte Entwicklung. Vor dem Heute des neuen Anfangs weicht er aus in die Sorge für den morgigen Tag, vor der Wahrnehmung der vorgegebenen Wirklichkeit in die Ansammlung von eigener Möglichkeit. Die Wirklichkeit ist im Jetzt, Gott ist im Jetzt. Dieses Jetzt wird beim Menschen ständig aufgesogen vom eigenen Noch-nicht. So entsteht eine zutiefst unwirkliche Welt, Existenz im Noch-nicht und Zu-spät.

„So werde ich es machen", sagt jener Mann im Evangelium, der für sich selbst reich werden will (diesen Trend gibt es auch im intellektuellen, nicht nur im materiellen Bereich): „So werde ich es machen, ich reiße meine Scheune ab und baue mir eine größere." — „...Du Narr", sagt Gott zu ihm, „in dieser Nacht noch wird man deine Seele fordern" (Lk 12,16—20).

Eine zweite Weise, sich dem neuen Anfang zu verweigern, unbekehrt der alte zu bleiben, ist die: Statt auf das weltliche Morgen beruft man sich auf das fromme Gestern, in das man sich eingelebt hat wie in ein Haus mit festen Wänden und bergenden Winkeln; hier darf es keinen Abbruch und keinen Aufbruch mehr geben. In der Weise, wie man Gott dient, mit ihm ins reine kommt, geschieht ja bereits das Genügende, Gültige; alles Erforderliche ist bereits vorhanden, eingespielt und gesichert. Man hat im Grunde nur Verantwortung zu tragen, daß sich in dieser Hinsicht nichts ändert. Gott darf nicht neu sein, nicht anders. Das wäre Unsicherheit in einem Bereich, wo es an die Wurzeln geht.

In dieser Verfassung bekehrt sich der Mensch am wenigsten gern. Einen neuen Anfang, den Gott macht, und auch mit ihm, dem Frommen machen will, sucht er nicht gelten zu lassen. Er ignoriert ihn, wehrt sich gegen ihn, sucht ihm den Garaus zu machen.

Es ist tief bedenkenswert, daß verantwortungsbewußte, für ihre Frömmigkeit eifernde Leute Jesus ans Kreuz schlagen ließen, weil sie überzeugt waren, daß sich in ihren Vorstellungen von Gott nichts ändern dürfe.

Wir Sünder samt und sonders haben den wirklichen Gott, den ganz anderen, den, der all unser Begreifen übersteigt, getötet, weil wir wollten, daß alles beim alten bliebe, weil wir unseren eigenen Lebensstil oder unseren eigenen Begriff von Gott, unsere Weise weltlich oder unsere Weise fromm zu sein, festhalten wollten.

Pilatus und der Hohe Rat, die irdische und die geistliche Autorität im Umkreis von Golgatha, Vertreter des Heidentums und der Orthodoxie, haben gemeinsame Sache gemacht, als da einer kam, der dem alten Menschen den Todesstoß geben wollte, und als es diesem alten Menschen nun darum ging, alles beim alten zu lassen.

Aber es zeigte sich: der neue Anfang, den Gott mit der Menschheit in Jesus von Nazareth machte, in diesem neuen Menschen mit der Vollmacht, uns alle neu zu machen, konnte vom alten Menschen nicht beseitigt werden. Der alte Mensch brachte es nicht fertig, das Neue und andere Gottes durch die Kreuzigung Jesu ein für allemal hinter sich zu bringen, sondern der ganz andere Gott brachte dadurch, daß er sich in diesem Jesus kreuzigen ließ, den alten Menschen in uns hinter sich. Das Neue und andere Gottes, seine unabdingbare Heiligkeit wie seine ebenso grenzenlose Mitmenschlichkeit, wurde in seinem Sterben um des Menschen willen auf eine Weise leuchtend, einleuchtend, daß es uns jene Decke über den Augen nimmt, die uns den wirklichen Gott verbarg, die uns bei uns selbst, beim alten verbleiben ließ.

Solange man den gekreuzigten Gott nicht gesehen hat, denkt man, man könne so weitermachen, weiter weltlich mit dieser Welt leben oder weiter mit dem Rücken gegen andere und gegen einen anderen Gott als den seiner Vorstellungen fromm und selig werden. Im Hinblick auf ihn aber ist es möglich, ein anderer zu werden, der neue Mensch, verwandelt durch ihn, Jesus, „in dasselbe Bild von Klarheit zu Klarheit" (2 Kor 3,18).

2. Das Geschenk des Glaubens

DIE KANAANÄERIN

Und Jesus ging von dort und zog sich zurück gegen das Gebiet von Tyrus und Sidon hin. Und siehe, ein Weib, eine Kanaanäerin, die von jenen Gebieten herausgekommen war, schrie auf und sagte: „Erbarme dich meiner, Herr, Sohn Davids, meine Tochter wird bös vom Dämon gequält." Er aber antwortete ihr nicht ein Wort. Und es traten seine Jünger heran und baten ihn mit den Worten: „Schick sie doch fort, sie schreit ja hinter uns her." Er aber antwortete und sprach: „Ich bin nur gesandt zu den verlorenen Schafen des Hauses Israel!" Sie aber kam herbei, fiel nieder vor ihm und

sagte: „Herr, hilf mir." Er aber antwortete und sprach: „Es
ist nicht erlaubt, das Brot der Kinder zu nehmen und es den
Hunden hinzuwerfen." Sie aber sagte: „O ja, Herr! Denn
auch die Hündlein fressen von den Stücklein, die da fallen
von dem Tische ihrer Herren." Da antwortete Jesus und
sprach zur ihr: „O Weib, groß ist dein Glaube! Geschehen
soll dir, wie du willst!" Und geheilt ward ihre Tochter von
jener Stunde an (Mt 15, 21—28).

Wenn Jesus dem Glauben der Kanaanäerin ein so uneinge-
schränktes Lob spendet, dann heißt das für uns: Geht ihrer
Geschichte nach! Laßt euch von ihr zeigen, wie Glaube aus-
sieht!

Die Frau ist Heidin. Ihre Tochter „wird bös vom Dämon
gequält." Um Jesus zu erreichen, nimmt sie die Chance der
Ärmsten wahr, denen andere Mittel fehlen, um sich bei den
Großen Zutritt und Gehör zu verschaffen, die Reichweite
ihrer Stimme. Sie schreit ihre Not heraus — hinüber zu dem,
von dem sie Rettung erhofft. In der Anrede gebraucht sie
gläubig den messianischen Würdenamen. Von ihrer Tochter
spricht sie wie von einem anderen Ich. „Erbarme dich
meiner", sagt sie. Ähnlich später: „Hilf *mir*!"

Jesus erwidert zunächst kein Wort, er geht seines Weges weiter. Sie aber, an seine Spuren geheftet, fährt fort mit lautem
Rufen, wie es die Art der Bettler im Orient ist, heute wie je.

Da mischen sich die Jünger ein — das Geschrei der Frau
geht ihnen offenbar auf die Nerven, vielleicht sind sie gerade in einem Gespräch mit dem Meister oder untereinander: „Schick sie doch fort, sie schreit ja hinter uns her!" Jesus
darauf, zur Frau gewandt: „Ich bin nur gesandt zu den verlorenen Schafen des Hauses Israel." Ein Entlaßwort zweifellos, aber es hört sich anders an, als die Jünger es sich dachten.
Kein kurzes „Geh!", eher eine Erklärung seines bisherigen
Schweigens und damit so etwas wie die Eröffnung eines Ge-
sprächs.

Was der Frau in dieser Antwort einzig und allein Eindruck

macht, ist die Tatsache, daß Jesus sich ihr zuwendet, sie seines Wortes würdigt, daß er die Schranke der Unnahbarkeit, die sie bisher auf Rufweite fernhielt, aufhebt. Wie wenn sie auf dieses Zeichen nur gewartet hätte, so stürzt sie nun vor ihm nieder, um in gedrängter Kürze, deren Grund gewiß der sichtliche Unwille der Jünger ist, nur die drei Worte hervorzustoßen: „Herr, hilf mir!" Sie wiederholt einfach ihre Bitte. Jesu Einwand gegenüber hat sie kein anderes Argument als abermals ihre Not. „Nur gesandt . . .", was wiegt denn dieses „Nur", wenn eine Not, die Menschen nicht mehr wenden können, *seine* Rettermacht braucht, auch wenn es die Not einer Heidin ist, was wiegt dieses „Nur" gegenüber einem Glauben, der ihm auch jenseits der Grenzen Israels bedingungslos vertraut.

Darauf Jesus: „Es ist nicht erlaubt, das Brot der Kinder zu nehmen und es den Hunden hinzuwerfen." Der Herr bricht das Gespräch nicht ab, aber ist seine Antwort jetzt nicht doch ein eindeutiges und hartes „Geh!"? Läßt es noch den geringsten Einspruch zu? Würde seine Schroffheit nicht geradezu eine gewisse Empörung der so Angeredeten verständlich machen? Jesus mutet der Frau zu, sich im Bilde des Hundes (eines im Orient verachteten Tieres) wiederzuerkennen — in bestätigender Anpassung an die der Heidin vielleicht nicht unbekannte Denkweise der gesetzestreuen Israeliten, für die zwischen Gottes- und Götzenanbetern ein Unterschied war wie zwischen Mensch und Tier. Wäre es der Frau zu verargen, wenn sie sich jetzt verletzt oder resigniert zurückzöge? Und doch verbirgt sich gerade in diesem Gleichnis von den Hunden eine Chance für sie, wenn sie demütig und gläubig genug ist, es anzunehmen — als ein Wort des Herrn. Und sie tut es. Wer hat denn recht, wenn nicht er? Wer ist denn sie, daß sie sich über sein Wort erheben dürfte! Sie läßt sich dieses Wort von den Hunden sagen, gläubig, widerspruchslos: und da ruft es wie von selbst in ihr die Vorstellung wach von den Hunden, die vom Abfall leben. Wie einen Ball, den Jesus selbst ihr zuwarf und den sie zurückwerfen darf, so greift sie sein Wort auf und wendet es zu einem Wort des Vertrauens: „O ja, Herr! Denn auch die Hündlein fressen von den Stücklein, die da fallen von dem Tisch ihrer Herren." Das ist spontane, strahlende Zustimmung zu dem Bild, das er selbst ihr schenkt, das ist Logik des gläubigen Herzens: kein „aber" und „doch", sondern ein „o ja" und „denn"! Mit diesem „o ja" holt sie aus Jesu herber Erwiderung die Erhörung heraus, die sich darin verbarg wie die Perle in der Muschel.

Ist sie nicht in diesem Augenblick der arme Lazarus in Jesu Gleichnis, der nur die Brosamen vom Tische des Reichen will? Wenn jener vergeblich vor der Tür des Mannes liegt, dem das Mahl dieser Welt allzugut mundet, kann es dann sein, daß einer auch vergeblich an der Tür liegt, die Jesus ist, und die sich öffnet in ihm?

Was in Jesu Worten wie Abweisung klingt, richtet sich immer nur prüfend gegen alles, was etwa Anspruch in uns erhebt und dem Heil im Wege ist. Wer aber sein Wort einfältig aufnimmt, dem gibt es wie von selbst auch die Antwort ein, die mit Gott ins Gespräch bringt. Glauben heißt: Jesus recht geben mit allem, was immer er sagt oder tut, auch wenn er sich fremd und anders zeigt, als unser Erwarten es will, wenn er uns demütigt, scheinbar zurückweist . . . Wenn einer *so* glaubt, wenn einer sich nicht selbst zum Richter über Gottes Wort und Gottes Verhalten macht, sondern umgekehrt sich durch Gott und Gottes Wort richten läß, so hat er den „großen" Glauben — was ihn zu Gott hinüberzieht, ist stärker als jede abweisende Macht. Läßt einer sich abweisen, wenn Gottes Wort und Verhalten Distanz zu ihm besagt wie zwischen Himmel und Erde (diese Distanz gilt immer nur unserem Ich und Selbst), dann haben nur Fleisch und Blut gesprochen, dann wollte einer nur Jesus auf seine Seite hinüberziehen, dann ist es nicht der Vater, der ihn zu Jesus zieht.

Und nun Jesu Antwort: „Frau, groß ist dein Glaube! Geschehen soll dir, wie du willst!" Und geheilt ward ihre Tochter von jener Stunde an. — Was empfängt der Glaube der Frau? Das Heil, das sie sucht. Mit dem Finger Gottes, dem Heiligen Geist, treibt Jesus den Dämon aus ihrer Tochter aus, und so kommt das Reich Gottes zu ihr (Lk 11,20). Aber auch zu der Mutter, die da rief: „Erbarme dich meiner!" Die sich mit dem Leid ihrer Tochter identifizierte, ist auch eins mit ihr im Heil. Was sie jener erbittet, gewinnt sie selbst in Fülle, das neue Leben in der Herrschaft des Herrn.

Unser Evangelium läßt eine wichtige Frage offen: „Ich bin nur gesandt zu den verlorenen Schafen des Hauses Israel", so erwidert Jesus der Kanaanäerin. Gesandt — von wem? Vom Vater! Und dann tut er doch den Willen der heidnischen Frau. Kann sie mehr als der Vater? Ist Jesus ungehorsam, da er ihre Bitte erfüllt? Hier gibt es nur eine Lösung: Der Glaube hat eine verborgene Beziehung zum Vater. Wir kommen vom Vater her, wenn wir an Jesus glauben, wenn es uns hinzieht zu ihm, wenn sein Geheimnis uns im Innersten anrührt, und wir seinem Erlöserwillen vertrauen. Wenn Jesus dem Glauben gehorcht, so gehorcht er dem Vater, denn „niemand kann zu mir kommen, wenn ihn der Vater, der mich gesandt hat, nicht zieht" (Joh 6,43). Und „niemand kennt, wer der Sohn ist, als der Vater" (Lk 10,22). Wenn niemand den Sohn erkennt als der Vater, dann ist unser Glaube an den Gottessohn Teilnahme des Geschöpfes am Erkennen des Sohnes durch den Vater, dann ist er der Erweis eines unergründlichen Vertrauens, dessen Gott uns würdigt, das Zeichen einer einzigartigen Segnung. Dieser Segnung gilt Jesu Jubel im Heiligen Geiste: „Ich preise dich, Vater, Herr des Himmels und der Erde, daß du dies Weisen und Klugen verborgen, Kleinen aber geoffenbart hast. Ja, Vater, denn so war es dir wohlgefällig" (Lk 10,21). Den gleichen Inhalt wie dieser Jubelruf hat jener Seligruf Mt 16,17, der mit Simon, dem Sohn des Jonas, alle jene umfängt, denen es „nicht Fleisch und Blut geoffenbart hat", daß Jesus der Sohn Gottes ist, „sondern der Vater, der im Himmel ist".

Gott gibt uns durch den Glauben also Anteil an seinem Eigentlichen und Innersten. Er bezieht uns ein in den Austausch des innergöttlichen Erkennens und Liebens. Indem der Vater uns das Auge für Jesus auftut, schenkt dieser sich seinerseits unserem inneren Blick und zeigt uns den Vater. Denn wie den Sohn niemand kennt als der Vater, so kennt wiederum „niemand den Vater als der Sohn und wem der Sohn es offenbaren will" (Lk 10,22). Wer durch den Vater Jesus „sieht", bekommt durch ihn den Vater zu sehen (Joh 14,9).

„Kommet, ihr Gesegneten meines Vaters, empfanget das Reich, das euch bereitet ist seit Anbeginn der Welt!" So wird Jesus sagen, wenn wir im Glauben vollendet sind. Und so sagt er immer schon, hier und jetzt, wenn wir zu ihm kommen im lebendigen Glauben, wir kommen dann vom Vater her zu ihm. Es gehört zum Wichtigsten unseres geistlichen Lebens, daß wir um das Geschenk wissen, das uns der Vater mit der Glaubensgnade gemacht hat, um seine grundlegende Bedeutung für all unser Tun und Lassen — „Wurzel und Fundament jeglicher Rechtfertigung", so nennt ihn das Trienter Konzil — und um seine unfehlbare Macht. In den Evangelien wird es auf immer neue Weise anschaulich, wie es der Finger des Vaters selbst ist, der an das Herz des Menschensohnes rührt, wenn wahrer Glaube sich ihm naht — sofort geht die Kraft von ihm aus, zu dem Glaubenden hin. Die Kraft, das ist sein Heiliger Geist, die Liebe, die von ihm zum Vater zurückströmt, weil er von einem Gesegneten des Vaters, also vom Vater erreicht ist. So ist dieser Gesegnete nun von dem Lebens- und Liebesstrom erreicht, der vom Vater zum Sohn und vom Sohn zum Vater geht. Er ist einbezogen in Gott durch den Heiligen Geist. Und alles übrige wird ihm dazugegeben — alles, worum immer sein Glaube bittet. Denn was der Glaube erbittet, dessen bedarf der Gläubige auch zu seinem Leben und zur Vollendung im Glauben. Glaube, der vom Vater ist, kann nur erbitten, was dem Willen des Vaters entspricht.

Ob es aber dieser Glaube ist, das muß sich in der Prüfung bewähren. Gott prüft wohl auch unseren Glauben wie jenen der Kanaanäerin, damit er Gelegenheit habe, sich zu üben, sich als wahr zu erweisen und sich zu entfalten; und damit wir, wo es not tut, von allem, was in unserem Wesen der Wahrheit und Wirksamkeit des Glaubens im Wege steht, gereinigt werden, von Kleinmut ebensosehr wie von falschem Selbstvertrauen.

Durch den Glauben der Kanaanäerin rief der Vater Jesus über die Grenzen Israels hinüber in die Heidenwelt. In der Inständigkeit ihres Bittens, in ihrer Geduld, in ihrer gläubigen Zuversicht, wie in der Erhörung, die sie erfuhr, ist sie ein Bild der künftigen Kirche. Und darin eine Schwester Mariens. Die Geschichte der Prüfung wie der Wirksamkeit ihres Glaubens hat in der Tat eine auffällige Parallele in der Perikope von der Hochzeit zu Kana. Dort bewirkt der Glaube Mariens die Aufhebung der *Zeit*grenze, die Jesus vom Vater gesetzt ist. „Seine Stunde", die „der Vater in seiner Macht festgesetzt hat", die der „Offenbarung seiner Herrlichkeit", bricht an in dem Augenblick, da Maria die Prüfung besteht und glaubt: Nun beginnt der kommende Äon hinüberzureichen in die jetzige Zeit; das Wunder der Wandlung ist die Vorverkündigung der kommenden gewandelten Welt. — Ähnlich bewegt ihn an der Grenze von Tyrus und Sidon der Glaube einer Heidin, daß er mit seiner Erlösermacht und -liebe die *räumliche* Grenze überschreitet, die ihm (der uns durch seinen *Gehorsam* erlösen sollte) vom Vater gezogen ist. In beiden Fällen aber wird der Glaube von Jesus geprüft, ob es der Glaube vom Vater ist ...

DIE HEILUNG DES BLINDEN

Was willst du, daß ich dir's tue? Jener sagte: Herr, daß ich sehe. Und Jesus sprach zu ihm: Schau auf! Dein Glaube hat dich heil gemacht. Und sogleich sah er auf und folgte ihm,

Gott lobpreisend. Und alles Volk, das (zu)sah, lobte Gott (Lk 18,41—43).

Lukas ist einer aus der Urgemeinde, einer, der als Jünger von vornherein aus dem Heilsganzen lebt, aus Taufe, Eucharistie und den Charismen des Heiligen Geistes; einer, der im Pfingstgeschehen seinen Daseinsansatz hat, in der Erfahrung der Auswirkung und Ausweitung alles dessen, „was Jesus zu tun und zu lehren begann" (Apg 1,1). Davon ist sein Evangelium entscheidend mitgeprägt. Lukas hat einen ausgeprägteren Symbolsinn als Markus und Matthäus. Wo er in seinen Perikopen auf diese zurückgeht, gibt es bei ihm immer wieder auffällige feine Textvarianten, die die prophetische Dimension des berichteten Geschehens deutlicher ins Licht heben, es stärker transparent werden lassen zur Fülle der Heilserfahrung und -hoffnung der jungen Kirche hin.

„Schau auf!"

Man vergleiche den lukanischen Bericht der Blindenheilung 18,35—43 mit dem bei Markus 10,46—52. Was läßt Lukas aus? Jene nur das unmittelbare Miterleben bezeugenden Einzelzüge des Geschehens, die für das markinische Evangelium so bezeichnend sind, Mk 10,49 b und 50. Was fügt er hinzu? Zunächst die Herbeiführung des Blinden durch andere. Sodann Jesu Wort bei der Heilung: „Schau auf!". Ferner: daß die Nachfolge des Geheilten unter Danksagung geschieht. Endlich: daß das ganze Volk, das (zu)sieht, Gott lobpreist. Diese ergänzenden Momente vervollständigen den Bericht eindeutig dahin, daß der geschichtliche Vorgang als Typos von Taufe und Eucharistie erkennbar wird.

Überschauen wir jetzt das Ganze. Der Blinde ist zunächst Bild des Taufbewerbers. Er glaubt an die rettende Vollmacht Jesu. Da er von seinem Vorübergang (Transitus) hört, bekennt er diesen Glauben mit dem messianischen Anruf „Sohn Davids". — Das sind die beiden Schritte, die der Wiedergeburt voraufgehen, gemäß Röm 10,10: „Mit dem Herzen glaubt man zur Gerechtigkeit, mit dem Munde aber geschieht das Bekenntnis zum Heil." Den ersten Schritt tut Gott allein, er „zieht" uns zu Jesus als dem Retter; den zweiten, der Zeichen der angenommenen Gnade ist, tut der Mensch mit, er bekennt, was er glaubt.

Danach wird der Blinde von anderen zum Heilsort hingeführt, wie später auch Saulus nach der Bekehrung —: der Katechumene von den Taufzeugen zum Ort der Wiedergeburt.

Nun folgt die feierliche Frage Jesu, die das gläubige Heilsbegehren des Blinden vor Zeugen sicherstellt: „Was willst du, daß ich dir tun soll?" — die spätere Tauffrage der Kirche. Darauf geschieht die Heilung; der Blinde empfängt das Augenlicht — die „Erleuchtung", so bezeichnen schon 1 Petr 2,9 und Hebr 6,4; 10,32 das Ereignis der Christwerdung, so nennt Justin, Apol. I, die Taufe.

Das die Heilung begleitende, bewirkende Wort Jesu ist im Griechischen doppelsinnig, es kann bedeuten: Sieh wieder! und Schau auf!; hinter der nächstliegenden Bedeutung steht mit wesentlich die andere: „Schau auf!", die hinüberweist auf die in der Taufe gewährte und durchvollzogene Blickwende. Der, zu dem der Geheilte aufschaut, ist Jesus, das Licht der Welt, dieses schenkt sich seinem inneren Blick, damit beginnt die noch verborgene Gottesschau, die „nach oben", die sich dann durch Nachfolge und Danksagung vollendet. — Der Sünder, der herabschaute (Todesrichtung), schaut als Erlöster auf (Lebensrichtung). Wer diese Schau hat, ist nach dem vierten Evangelium, das viele spirituelle Gemeinsamkeiten mit dem dritten hat, „von oben" (Joh 3,3; 8,23). — Ähnlich doppelsinnig, physisch und geistig verstehbar ist bei Lukas 17,19 das Wort Jesu an den danksagenden zehnten Aussätzigen: „Steh auf!" Tiefensinn: „Auferstehe!" (Eucharistia ist Unterpfand der Anastasis).

An die Heilung des Blinden schließt sich sofort seine Nachfolge Jesu an, ohne daß noch eine eigene Aufforderung dazu erginge, wie sonst bei den Jüngerberufungen das „Komm und folge mir!" Die „Erleuchtung" schließt die Ermächtigung und Verpflichtung zur Nachfolge in sich. Wer erleuchtet ist, wessen innerem Blick sich der Herr geschenkt hat, der kann und darf das „Licht der Welt" nicht mehr aus den Augen lassen.

Die Nachfolge geschieht unter Lobpreis, sie ist dankergriffener Ausdruck der Erlösung, sie lebt aus der Eucharistia, ist Eucharistia: *„Und er folgte ihm, Gott lobpreisend."*

„Und alles Volk, das (zu)sah, lobte Gott."

Die Erleuchtung ist kein Vorgang, der nur den Wiedergeborenen selbst anginge, er wird ja seinerseits durch sie ein „Licht der Welt". Die Kirche, das ganze Volk, das „sieht" — auch dieses Wort hat wieder Tiefensinn — wird durch den Erleuchteten miterleuchtet, nimmt zu an Licht, wird darum zur Danksagung mitbewegt.

Wir verweilen jetzt bei dem Herrenwort *„Schau auf!"*

Die Heilung des gefallenen Menschen, sein Heil, liegt in der Blickwende, die er Jesus verdankt. Der als Sünder nach unten schaute, darf als Erlöster aufblicken. Die Erleuchtung wirkt Erwiderung des Blickes, mit dem wir von Gott gesehen werden, und ist beständiges Ersehnen dieses Blickes: dankbarer und demütiger Aufblick. In ihm nun verbleiben durch Nachfolge! Das Aufgeben dieser Sicht, der erneute Blick nach unten, die Rück-sicht auf die Diesseitswelt mit ihren Ansprüchen macht untauglich für das Reich Gottes (Lk 9,62), ist Rückfall in die Heillosigkeit. Alle Versuchungen Satans gehen in diese Richtung: Schau nach unten! Laß Gott aus dem Auge! Sieh ab von ihm, faß ins Auge, was unter dir ist! Sei selbst herrlich, die Kreatur wird dir dienen, anstatt daß du Gott dienst! So schon die Urversuchung. So wieder die drei Versuchungen Jesu. Satan selbst schaut herab, in einen unergründlichen Abgrund, er kann nicht anders, das

Licht erschlägt ihn. Und er setzt seine ganze Macht daran, uns in die gleiche Blickrichtung zu drängen. Sobald wir der Versuchung nachgeben, aus Gier oder aus Angst (und in jedem Fall aus Stolz), sind wir nicht mehr im Strahlungsfeld des rettenden Lichtes, im Daseinsansatz nicht mehr „von oben", sondern „von unten".

Achten wir auch auf die Gefahr der Ablenkung des Blickes vom Licht durch das Böse des andern: verlockt es uns nicht als Beispiel, so kann es uns Anlaß zu Überhebung werden, uns vergessen lassen, daß wir selbst Finsternis sind ohne das rettende Licht; wir schauen auf den Fehlenden herab als Überlegene, sein Unten ist unser Oben. Aber gerade im Nach-Unten sind wir „*von* unten". Wie sich verhalten, wenn das Böse um uns ist, gegen uns steht? Die Sünde hassen, beim andern wie bei sich selbst; aber jeden Sünder mit hineinnehmen in den Aufblick zum Erlöser, dessen Gnade wir beide brauchen! Angesichts des Gekreuzigten kann ich niemanden mehr festnageln auf seine Sünde, weil Jesus sich annageln ließ, um den Zusammenhang von Sünder und Sünde zu lösen. Diese Erlösung wirksam machen durch den gläubigen Aufblick zum Erhöhten! Und weiß ich, wer des Blutes Christi mehr bedarf, der andere oder ich? Im Glauben sich sagen: die geheime Freude an dem Fehlen des andern oder auch die Entrüstung über ihn, die lieblose Feststellung seines Versagens im Herzen oder vor Dritten, ist Blick nach unten, neue Annagelung Jesu. Sich hüten vor aller unguten Kritik! Dem Drang, das Böse des andern zu sehen, der aus der eigenen Unerlöstheit kommt, entgegenwirken durch eine bewußte gläubige Schulung im guten Sehen. Den andern sehen wollen, wie ich Sünder von Gott gesehen bin; ihn kennen wollen, wie mich der Gekreuzigte kennt. Ein einfältiges Auge, das das Licht sucht und sich vom Lichte nährt, findet überall Spuren des Lichtes heraus, wo andere vielleicht nur Finsternis sehen. Wer beharrlich im Aufblick lebt, als Demütiger, im Suchen des Angesichtes Gottes, erkennt kraft dieser Sehweise im Menschenbruder Gottes Bild, auch durch alle

Verunstaltungen hindurch, die etwa die Sünde bei ihm bewirkte — so wie etwa der Kunstkenner noch durch viele Übermalungen hindurch einen Rembrandt erkennt, wo andere nur Schmutz und Schadhaftigkeit sehen. Reinigende und aufschmelzende Bedeutung des guten Sehens für den, der so gesehen wird, und für den Sehenden selbst. Der Aufblick zum Menschenbruder ist immer der Durchbruch zu Gottes Sehen über uns, ist Erwiderung dieses Sehens. Hast du deinen Bruder gesehen, so hast du Gott gesehen. Schau auf! — *die* Blickrichtung unseres wiedergeborenen Lebens. Es gibt sie nicht bleibend — und so uns vollendend —, ohne ausdauerndes Gebet, ohne Anbetung, die ihr wesentlichstes Zeugnis ist. Wer nicht mehr betet, verfällt der Macht, die nach unten hin ablenkt. Der Beter aber geht nach oben und bringt nach oben — sich und die Welt, denn er ist *von* oben, das ist seine Macht.

3. Jüngerberufung bei Johannes

Tags darauf stand Johannes wieder da und von seinen Jüngern zwei. Und den Blick auf Jesus, der des Weges kam, spricht er: „Seht das Lamm Gottes!" Und es hörten ihn die beiden Jünger so sprechen, und sie gingen hinter Jesus her. Jesus aber wandte sich um, und da er sie nachkommen sah, sprach er zu ihnen: „Was suchet ihr?" Sie sagten zu ihm: „Rabbi" — das heißt Meister —, „wo wohnst du?" Er antwortete: „Kommt und seht!" Sie gingen mit ihm und sahen, wo er wohnte, und blieben jenen Tag bei ihm. Es war um die zehnte Stunde (Joh 1,35—39).

„Lamm Gottes" heißt bei Johannes das Stichwort der ersten Jüngerberufung und damit aller Jüngerberufungen — so ist es wohl vom Evangelisten gemeint. Wer Jünger wird, folgt dem „Lamm". Wohin? Über das Opfer in die Verklärung beim Vater.

So geschieht später auch die Bekehrung des ersten Heiden im Zeichen des „Lammes" (Apg 8,28—39). Der Text, den der Kämmerer aus dem Morgenlande auf seinem Reisewagen gerade liest, als Philippus sich ihm zugesellt, ist der gleiche, mit dem der Täufer seine Jünger auf den Messias hinwies: „Wie ein Schaf ward er zur Schlachtbank geführt, und wie ein Lamm, das vor seinem Scherer verstummt, so tut er seinen Mund nicht auf. In seiner Erniedrigung ward sein Gericht aufgehoben. Wer will beschreiben, wie groß sein Volk ist? Denn emporgehoben von der Erde wird sein Leben" (Jes 53,7.8). „Von dieser Schriftstelle aus verkündete Philippus dem Hofbeamten das Evangelium von Jesus." Hier ist eine von den vielen verborgenen Gemeinsamkeiten zwischen Lukas und dem vierten Evangelisten.

„Die beiden Jünger hörten es, wie der Täufer so sprach."
Schon einmal hat der Vorläufer auf den Kommenden hingewiesen, mit dem gleichen Ruf (Joh 1,29). Aber nicht alle, die um ihn sind, „hören" das Wort und lassen sich so in die Nachfolge Jesu einweisen. Offenbar war die Art, wie Johannes die Seinen auf Jesus als den Messias hinwies, nicht die eines dogmatischen Lehrbuchs, so wenig wie die späteren Selbstoffenbarungen Jesu. Dem Glauben wird aller Spielraum gelassen, so entspricht es dem göttlichen Geheimnis. Zu Jesus soll und kann nur „kommen, wen der Vater zieht", nur „wem es gegeben ist" (Joh 6,44. 65).

„Und sie gingen hinter Jesus her."
Sie folgen dem Lamme, wohin es geht (Offb 14,4). Sie sind „erkauft als Erstlinge für Gott und das Lamm" (Offb 14,4). Nichts schaltet sich zwischen Hören und Folgen. Nichts sind sie als Gezogene, hineingezogen in den Anziehungsbereich des „Lichtes der Welt".

„Jesus aber wandte sich um. Und als er sie nachkommen sah, sprach er zu ihnen: ‚Was sucht ihr?'"

23

Wer sich vom Licht ziehen läßt, dem leuchtet es vollends auf; wer das Antlitz Jesu sucht, dem wendet er es zu. Und mit dieser Wende ist die unsere besiegelt. Die vom Tode zum Leben. Deus tu conversus vivificabis nos — Gott, wende dich zu uns und gib uns neues Leben!

Daß der Herr sich uns zuwendet, schließt in sich, daß er uns und unser Kommen (vom Vater her, der uns ihm „gibt") sieht und sein Wort an uns richtet. „Er sah sie kommen und sprach" — die Wiederholung dieser Wendung Joh 6,5 läßt erkennen, daß hier so etwas wie eine Chiffre für einen Gnadenvorgang vorliegt. Mit dem Sehen Jesu ist jeweils das Aufstrahlen seines Blickes voll Gnade und Liebe über den zu ihm Kommenden und mit dem Sprechen die beginnende Offenbarung in Zeichen und Wort angedeutet.

Es will beachtet sein, daß Jesus das Gespräch mit den Jüngern eröffnet. Seine Frage ermutigt sie zu der ihren. Das Wort „Was sucht ihr?" läßt an ähnliche Fragen denken, die er nach seiner Auferstehung an Magdalena, an die Emmausjünger, an die Fischer auf dem See Tiberias richtet. Nicht aus seinem Nichtwissen kommen sie alle, sondern aus dem der Gefragten, sie sind Ausdruck liebenden Teilnehmens an ihrem Suchen, ihrer Not, ihrem Mühen: Sie öffnen den Gefragten das Herz und den Mund. Jesus beginnt seine Offenbarung damit, daß er uns zuvor für sie öffnet.

„Sie aber sprachen zu ihm: ‚Rabbi, wo wohnst du?'"
Diese Antwort klingt wie ein Stammeln von Überraschten, fast als ginge sie vorbei an der, die Jesus stellt. Und doch entspricht sie in einer den Jüngern noch verborgenen Tiefe der Frage Jesu. Sie geht auf mehr als vier Wände, sie geht auf das eigentliche Wo und Woher des Gottesknechtes, des Lammes, auf den Urgrund der Anziehung, die von Jesus für sie ausging. — Die Antwort des Zwölfjährigen bei Lukas kommt uns in den Sinn: „... in dem, was meines Vaters ist." Hier erwidert Jesus:

„Kommt und seht!' Sie gingen mit ihm und sahen, wo er wohnte und blieben jenen Tag bei ihm."

Wo das Zuhause Jesu ist, das kann einer nur erkennen, wenn er mit Jesus kommt, zu Jesus kommt und bei ihm verweilt, unter seinem Blick, nicht also, wenn einer sich nur über ihn informiert, Theologie betreibt im eigenen Zuhause, ohne Gebet, ohne Aufbruch, ohne Begegnung mit ihm selbst.

„Da gingen sie mit ihm und sahen, wo er wohnte, und weilten jenen Tag bei ihm."

Es wird von keinem Gespräch berichtet. Wie er zuerst sie sah, so sehen sie nun ihn. Sie sahen, wo er wohnte. In diesem Wort birgt sich alle Gnade, die ihnen widerfuhr. „Sehen" gehört ebenso wie „wohnen" zu den Mysterienworten des vierten Evangeliums. Unser deutsches Wort „innewerden" kommt ihm vielleicht am nächsten. Sie „sahen seine Herrlichkeit, wie sie der eingeborene Sohn vom Vater hat, voll Gnade und Wahrheit". Dieser Satz aus dem Prolog des Evangeliums drückt wohl am besten aus, was das meint: „Sie sahen, wo er wohnte."

„Und sie blieben jenen Tag bei ihm."

Das war Vorauserhörung, Vorauserfüllung des Gebetes: „Vater, ich will, daß, wo ich bin, auch die bei mir seien, die du mir gegeben hast, daß sie meine Herrlichkeit sehen, die du mir gegeben hast" (Joh 17,24). Das beginnt nun: Die Jesus „vom Vater gegeben" sind, dürfen sein, wo er ist, und sehen, was ihm „vom Vater gegeben" ist. Wo er ist — sein — bedeutet, seiner Wahrheit und Liebe innewerden, bedeutet einbezogen sein in den Bereich seines göttlichen Wesens, „seine Herrlichkeit sehen".

„Es war um die zehnte Stunde."

Johannes erzählt nie bloß Anekdoten. Das Biographische oder Psychologische ist ihm nicht selbstwichtig. Wo immer wir auf Einzelheiten dieser Art treffen, haben sie einen tieferen Hintergrund. So verbirgt sich auch hinter den johanneischen Zahlen, wie etwa der Zahl der Jahre des Gelähmten, die Zahl der Fische beim wunderbaren Fischzug, eine je bestimmte Symbolik.

Zehn ist eine biblische Vollkommenheitszahl, „zehnte Stunde" ist Stunde der Erfüllung, meint an dieser Stelle Vorverkündigung, ja, Anbruch der „Stunde" Jesu, die im vierten Evangelium eine so große Rolle spielt, der Stunde des Lammes, des Opfers, der „Erhöhung", da er „alles an sich zieht". Alles Gnadenwirken Jesu geht von dieser „seiner" Stunde aus, ist auf sie bezogen, hat in ihr seine Strahlungsmitte. In der Stunde, da Johannes und Andreas Jünger Jesu werden, greift die kommende Stunde des Lammes nach ihnen aus und bezieht sie ein. Die Stunde des Lammes wird zur Stunde des Jüngers.

Es ist *die* Stunde im Leben eines jeden Menschen, wenn er unter die Anziehung des Lammes kommt, ihr folgt und, verweilend bei Jesus — „sehend, wo er ist" —, Jünger wird. Viele Fäden webt Gottes vorsehende Liebe, damit sie anbrechen kann und nicht verfehlt wird, der Aufbruch aus einem gewohnten Geleise geschieht und das Wagnis möglich wird, welches das neue Leben im Licht begründet.

Andreas, der Bruder des Simon Petrus, war einer der beiden, die auf das Wort des Johannes hin Jesus gefolgt waren. Er findet zuerst seinen Bruder Simon und spricht zu ihm: „Gefunden haben wir den Messias" — das ist übersetzt „Christus" — und er führte ihn zu Jesus. Jesus sah ihn an und sprach: „Du bist Simon, der Sohn des Johannes, du sollst Kephas heißen — das bedeutet Fels" (Joh 1,40—42).

Will man die Hintergründe des Johannesevangeliums nicht verfehlen, muß man auf eine wörtliche Übersetzung bedacht sein. Zweimal kommt in unserem kurzen Abschnitt das Wort „finden" vor. *„Andreas findet seinen Bruder Simon und* *spricht zu ihm: Wir haben den Messias gefunden.*" Meistens wird übersetzt: Andreas „*traf*" seinen Bruder Simon, das liest sich glatter, ist aber eine Verflachung auf den rein äußeren Tatbestand hin. „Finden" geht bei Johannes immer auf den Heilsfund. Das Wort steht dort, wo es um das unerwartete Geschenk des ewigen Lebens geht, um Bekehrung, um Glauben, um die Begegnung mit Jesus selbst. — Von den Synoptikern liebt vor allem Lukas dieses Wort. In seinem Evangelium *findet* einer den Schatz im Acker, ein anderer die kostbare Perle. Der gute Hirte geht dem verlorenen Schaf in die Einöde nach, bis er es *findet*. Und der verlorene Sohn wird *wiedergefunden*.

Finden ist Geschenk, ob ihm nun das Suchen voraufgeht (wie beim Perlensucher) oder nicht (wie beim Ackerer).

Zuerst findet Jesus uns. Der Menschensohn ist gekommen, zu suchen und selig zu machen, was verloren ist (Lk 19,10). Daß er Mensch wird, bedeutet also: Er macht sich auf die Suche nach uns, er geht uns Verlorenen nach. Wo wird er uns finden? Wir sind dabei, in den Tod hineinzulaufen. So sucht und begegnet er uns auf der Todesseite mit den am Kreuze ausgebreiteten Armen. Daß wir nun in diese Arme hineinlaufen, über sie nicht hinauskönnen, weil wir das Leben in ihnen wiederfinden, weil sie die Arme des Vaters sind, die er dem verlorenen Sohn entgegenbreitet — das ist *sein* Fund, das ist je neu für ihn ein Geschenk, das ihm der Vater macht, eins, das ihn aufjubeln läßt — zum Vater: „Ich preise dich, Vater, Herr des Himmels und der Erde" (Lk 10,21 f.), und zu seinen Brüdern, zu allen Geschöpfen hin: „Freuet euch mit mir ..." (Lk 15,6). Wer so von Jesus gefunden ist, der hat umgekehrt auch seinen göttlichen Finder gefunden. Sein Gefundensein drückt sich aus darin, daß er seinerseits *den* Fund seines Lebens macht, für den er freudestrahlend alles hergibt (Mt 13,44 f.).

„Alles, was der Vater mir gibt — das kommt zu mir" (Joh 6,37). In diesem Satz geht die erste Hälfte auf Jesu Fund, die zweite auf den unseren.

„Andreas findet zuerst seinen Bruder Simon und spricht zu ihm: ‚Wir haben den Messias gefunden.‘"

Wer gefunden ist und gefunden hat, durch den breitet das Finden sich aus, wie von selbst tritt er jetzt in den Dienst des göttlichen Findens. Da sein Glück ein überströmendes ist, muß es sich mitteilen, den Nächststehenden, den Nachbarn, den Freunden. Und in der Mitteilung des Fundes strahlt dieser selber auf. Das ist dann das Licht auf dem Scheffel, und so finden immer neue Kinder des Lichts aus der Finsternis zum Licht. Darum kann das Licht der Welt zu seinen Jüngern sagen: „Ihr seid das Licht der Welt."

Andreas zu Simon: „Wir haben den Messias gefunden!" — Pendant zum Ruf des Hirten bei Lukas: „Ich habe mein Schaf gefunden, das verloren war!" Der Wiedergefundene hat gefunden, das Schaf seinen Hirten. Mit diesem Fund *muß* einer sich offenbar auf den Weg machen, damit auch andere finden (wie später im Evangelium dann die Samariterin, die zu ihren Landsleuten läuft, um auch ihnen das „lebendige Wasser" zu bringen). Alle Freude aus Gott, an Gott, in Gott ist Mitfreude, will Mitfreude, wirkt Mitfreude.

„Und er führte ihn zu Jesus."

Simon geht ohne Zögern mit. Das schlichte Wort des Andreas überzeugt ihn, weil es Glaubenszeugnis ist, das Licht in ihm leuchtet. Simon hat die verborgene Empfänglichkeit für das Wort der Wahrheit, die Sehempfindlichkeit für das Licht, die das erste grundlegende Wunder der göttlichen Gnade im Vorgang der Bekehrung ist. Wer glaubt, ist schon ein Gefundener. „Und führte ihn zu Jesus." Simon läßt sich zu Jesus führen. So beginnt sein Jüngerdasein, und so wird es sich einmal vollenden. Anfang und Ende entsprechen sich in den Jüngergeschichten der Evangelien, besonders bei Johannes. „Und ein anderer wird dich gürten und dich *führen*, wohin du nicht willst", das sind die letzten Worte, die im Johannesevangelium dem Simon gelten. Beide Male läßt Simon sich führen, beide Male geht es zum Lamm.

„Jesus aber sah Simon an und sprach: ‚Du bist Simon, der Sohn des Johannes, du sollst Kephas heißen, das bedeutet Fels.'"

Die Geschehensfolge in der ersten Begegnung mit Jesus ist bei Simon die gleiche wie zuvor bei Andreas und Johannes. Jesus als erster sieht und spricht, sein Blick ersieht sich den Jünger; sein Wort ist ein Erkennen und Benennen, mit dem er zugleich sich selbst dem so Erkannten in seinem göttlichen Geheimnis, seiner Vollmacht zu erkennen gibt.

Das ist die immer gültige und immer neu sich offenbarende Ordnung im Verhältnis von Gott und Mensch, so kommt jedes Gebet zustande, jeder Glaubensakt, jede Begegnung mit ihm: erst er, dann wir.

Tags darauf wollte Jesus nach Galiläa ziehen und findet den Philippus. Jesus sagt zu ihm: „Folge mir!" Philippus stammte aus Bethsaida, der Heimat von Petrus und Andreas. Philippus findet den Nathanael und sagt zu ihm: „Der, von dem Moses im Gesetz und die Propheten geschrieben haben, den haben wir gefunden, Jesus, den Sohn Josephs aus Nazareth." Nathanael entgegnete ihm: „Kann aus Nazareth etwas Gutes her sein?" Philippus sagt zu ihm: „Komm und sieh!" (Joh 1,43—46).

Wieder zwei Jüngerberufungen: Philippus und Nathanael. Bestimmte typische Wendungen aus den vorausgegangenen Berufungsgeschichten kehren wieder. So gleich zu Beginn das Wort „finden".

Jesus findet den Philippus und spricht: „Folge mir!" Von Philippus wird nichts weiter gesagt, nicht, was er antwortet oder wie er sich sonst verhält. Er ist von Jesus gefunden und in die Nachfolge gerufen. Das genügt. Nun ist er Jünger. Lapidar tritt Jesu Souveränität hervor. „Er hat uns berufen in der ihm eigenen Herrlichkeit und Macht" (2 Petr 1,3).

Der neue Jüngerstand des Philippus äußert sich sofort darin, daß nun auch er findet — den Nathanael, genau wie vorher Andreas den Simon. Die Parallelität der beiden Texte bringt ins Gespür, wie hier eine Gesetzmäßigkeit waltet. Wer von Jesus gefunden ist, wird zum Finder; wer von ihm gerufen ist, wird zum Rufer — in seinem Dienst.

Aber *eine* Variante gibt es doch in den so ähnlichen Berichten. Andreas sagt dem Petrus: „Wir haben den Messias gefunden." Philippus drückt sich dem Nathanael gegenüber umständlicher aus, in Anpassung offenbar an dessen Schriftliebe und Schriftforschen: „Wir haben den gefunden, von dem Moses und die Propheten geschrieben haben, Jesus, den Sohn Josephs aus Nazareth." „Von dem Moses und die Propheten geschrieben haben" — das weckt Nathanaels brennendes Interesse; die Wendung „Sohn Josephs aus Nazareth" fordert seinen Einspruch heraus. Der Messias ein Mann aus Nazareth? Davon weiß die Bibel nichts. — „Forsch doch nach, dann wirst du sehen, daß aus Galiläa kein Prophet aufsteht!", so erwidern später die Vorsteher und Pharisäer dem Nikodemus, als dieser sich vorsichtig für Jesus einsetzt mit dem Argument, man müsse ihn nach dem Gesetz doch erst selbst hören und sein Tun feststellen (Joh 7,52).

Das Nathanaelwort klingt sogar noch abweisender, nach einem ausgesprochenen Affekt, nach schlechten Erfahrungen. Nathanael ist selber Galiläer (Joh 21,2). Er kennt die Schrift, er kennt sich aber auch in seiner Heimat aus, er kennt Nazareth. Sein ironischer Ausruf wirft übrigens ein Schlaglicht auf die Umgebung Jesu durch fast 30 Jahre hin. Und wird diese Kleinstadt nicht die erste der Städte sein, die Jesus zu töten sucht (Lk 4,29)?

Philippus beantwortet den Einwurf des Galiläers nicht mit einer theologischen Beweisführung. Er weiß sich nicht zum Diskutieren gesandt, er kann nur schlicht Zeugnis geben. Auch wir täten manchmal besser, einfach Zeuge zu sein, statt uferlos zu streiten oder überhaupt auf einen Disput einzugehen, für den unser Intellekt vielleicht nicht genügend ausgerüstet ist.

„Komm und sieh!" das ist nun des Philippus einziges Argument. Er braucht die gleichen Worte wie Jesus vorher Johannes und Andreas gegenüber. Und bewirkt damit den gleichen Gehorsam. Welche Vollmacht hat ein Jünger! Er sagt Jesu Wort weiter, und in seinem Munde übt es dieselbe Gewalt aus. „Wer euch hört, hört mich!" (Lk 10,16).

Nathanael erweist sich als ein wahrer Israelit darin, daß er sich diesem „Komm und sieh" gegenüber nicht länger auf seine Schulweisheit festlegt. Darin unterscheidet er sich von den Ratsherrn und Pharisäern später, die auf die entsprechende Aufforderung des Nikodemus hin „auseinandergehen, ein jeder in sein Haus" (Joh 7,53).

Nathanael gehört nicht zu den Leuten, für die von vornherein alles schon klar ist, alles nachschlagbar, für die es im Grunde keine Überraschungen mehr gibt. Für ihn gilt noch das Wort des Herrn beim Propheten Isajas: „Meine Wege sind nicht eure Wege, und meine Gedanken sind nicht eure Gedanken. Denn so viel der Himmel höher ist als die Erde, so viel höher sind meine Wege als eure Wege und meine Gedanken als eure Gedanken (Jes 55,8). Er rechnet mit einem Licht, das man jetzt noch nicht sieht, mit Zusammenhängen, die man jetzt noch nicht durchschaut. Er ist einer der Seltenen, die, wenn es das Heil gilt, bereit sind, ein gewohntes Gleis, ein Denkgleis, ein Lebensgleis zu verlassen, die ihre Augen für immer neues Licht offenhalten, statt das eigene begrenzte Gesichtsfeld absolut zu setzen.

Jesus sah den Nathanael zu sich kommen und sagt zu ihm: „Seht, ein wahrer Israelit, an dem kein Falsch ist." Nathanael sagt zu ihm: „Woher kennst du mich?" Jesus antwortete und sprach zu ihm: „Noch ehe Philippus dich rief, als du unter dem Feigenbaum warst, habe ich dich gesehen." Nathanael erwiderte ihm: „Rabbi, du bist der Sohn Gottes, du bist der König Israels" (Joh 1,47—49).

Der Bericht nimmt jetzt die gleiche Wendung wie in den anderen Jüngerberufungen. „Komm und sieh" wurde dem Nathanael gesagt. Nun aber heißt es: „*Jesus* sah." Wieder macht Jesus den Anfang, mit dem Sehen sowohl als auch mit dem Sagen. Sein Gnadenblick, sein Sehen und Erkennen geht unserem Sehen und Erkennen vorauf, bewirkt es.

„Seht, ein wahrer Israelit an dem kein Falsch ist!" Wie bei Simons Kommen ist Jesu erstes Wort an Nathanael ein Aufleuchten, Ermutigung, Freude: Wie schön, daß es dich gibt! Wie gut, daß du da bist!

Wer zu Jesus kommt, ist von ihm bejaht. Nicht unser Dunkel sieht der Herr, sondern unser Verlangen nach dem Licht. Und sein Sehen gibt uns, was uns fehlt.

„Wahrer Israelit": Jakob, Isaaks Sohn, empfing den Namen Israel, d. i. Gottesstreiter, nachdem er mit dem Engel gerungen hatte. Worum ging das Ringen? Um den Segen. „Ich lasse dich nicht, du segnest mich denn" — um dieses Wortes willen wird Jakob gesegnet, empfängt er den neuen Namen. War nicht der Segen der Inhalt seines Lebenskampfes? Dieses Segens Verheißung und Inbegriff aber war der Messias. So wurde „Israel" zum Namen des messianischen Volkes.

Nathanael ein *wahrer* Israelit, das kann im Munde Jesu nur bedeuten, daß auf ihn zutrifft, was das Wort „Israel" sagt, daß er wie Jakob auf den Segen, auf den Messias hin lebt, um sein Kommen ringt; daß der Name Israelit bei ihm nicht wie bei so vielen anderen Etikett geworden ist, aus dem man nur bestimmte Vorrechte und Sicherheiten herleitete — wie viele den Namen Christ, d. i. Gesalbter, tragen, ohne daß es ihnen in Gesinnung und Tun um den Heiligen Geist ginge.

Nathanael ist betroffen: „Woher kennst du mich?"

In dieser Frage verbirgt sich jetzt Ähnliches wie in der früheren von Andreas und Johannes: „Rabbi, wo wohnst du?"; sie fragt nach dem Geheimnis seines Ursprungs, dem Ort seines Wesens.

Darauf Jesus: „Bevor Philippus dich ansprach, da du unter dem Feigenbaum warst, sah ich dich." Nach rabbinischer Sitte wurde das Gesetzesstudium gern unter dem Feigenbaum vor dem Hause geübt. Jesu Wort mag also Anspielung auf das Schriftforschen des Nathanael sein. Seinem tieferen Sinn nach bedeutet dann dieses „Ich habe dich gesehen": Nathanael war einer, der die Schrift im Licht des kommenden Herrn las (das aber heißt unter seinem Gnadenblick) und der so das wahre Israel vertrat, das den Erlöser ersehnende, nach ihm ausschauende, seinem Kommen geöffnete. Darüber hinaus aber spielt Jesus gewiß noch auf ein besonderes, uns unbekanntes Erleben Nathanaels, auf eine Gnadenstunde an, die dem Kommen des Philippus vorauflag und ohne die er diesem wohl nicht auf sein „Komm und sieh" hin gefolgt wäre. Wie so oft im vierten Evangelium bilden auch an dieser Stelle konkrete Geschichte und tiefere Bedeutung eine geheimnisvolle Einheit.

Für Nathanael aber ist mit dieser Eröffnung Jesu die ihn bewegende Frage nach dem Woher des Mannes Jesus beantwortet. Mit einemmal weiß er sich von Jesus im Innersten geschaut und durchschaut. Die Identität dieses Schauenden mit der Stunde unter dem Feigenbaum geht ihm auf.

So ist Jesus dem Nathanael in allem zuvorgekommen. Wenn dieser sich von Philippus zu ihm hinführen ließ, um zunächst einmal selbst zu sehen, zu prüfen, zu urteilen, ob er der sei, von dem Moses und die Propheten geschrieben haben: Jetzt findet *er* sich unter Jesu Blick und Urteil. Dieses Erkanntsein aber bewirkt nun in ihm selber ein Erkennen, in dem das kritische Argument „Kann aus Nazareth etwas Gutes kommen?" als ein überholtes und vorläufiges völlig zurücktritt; es ist aufgehoben in gläubiger Zuversicht, in der Bereitschaft, sich von Jesus selbst das Dunkel eines jeden noch ungelichteten Zusammenhangs erhellen zu lassen, wann und wie er will.

In der Nathanaelgeschichte taucht die Spannung zwischen Wissenschaft und Offenbarung auf, die es in der Geschichte der Kirche und Menschheit immer wieder geben wird. Deutlich wird in ihr aber auch, wie sich die Lösung solcher Spannung anbahnt: im Gehorsam gegen die Einladung „Komm und sieh!", in der Bereitschaft des Menschen, sich selbst und sein begrenztes Gesichtsfeld zu überschreiten im heilverlangenden Kommen zu Jesus Christus selbst. Wer dieser Begegnung und ihren möglichen Konsequenzen in der Lebensgestaltung ausweicht, wer sie nicht sucht im Gebet, in der Gemeinde, im Sakrament, in den Armen, für den ist die Wissenschaft Letztinstanz auch gegenüber der Offenbarung geworden. Das Resultat kann nur Unglaube und Dienst am Unglauben sein. Eine Instanz, die sich zur Letztinstanz auch gegenüber dem Mysterium des göttlichen Anspruchs und Zuspruchs aufwirft, vertritt notwendig die Sache des Widersachers.

Nathanael sprach: „Rabbi, du bist der Sohn Gottes, du bist der König von Israel." Jesus aber antwortete und sprach zu ihm: „Weil ich dir gesagt habe, daß ich dich gesehen habe unter dem Feigenbaum, glaubst du. Du sollst Größeres sehen." Und er sagt zu ihm: „Wahrlich, wahrlich, ich sage euch: Ihr werdet den Himmel offen und Gottes Engel über dem Menschensohn hinauf- und hinabsteigen sehen" (Joh 1,49—51).

Nathanaels Erkennen äußert sich im Bekennen: „Rabbi, du bist der Sohn Gottes, du bist der König von Israel." Das ist nun *sein* Miteinstimmen in den Ruf der vor ihm Berufenen: „Wir haben den Messias gefunden."

Röm 10,10: „Im Herzen glaubt man und empfängt dadurch Gerechtigkeit, mit dem Munde aber bekennt man den Glauben und empfängt dadurch Heil." — Die Glaubensgnade hat zwei Schritte. Den ersten tut da Gott allein: Er schenkt sich in Jesus Christus unserem inneren Blick. Dieses Licht dringt in unsere Finsternis und verscheucht sie, macht uns „gerecht": Wir *werden* gefunden, ohne eigenes Zutun.

Den zweiten Glaubensschritt dürfen und sollen wir mitvollziehen, als vom Licht Ergriffene das Licht ergreifen, als Gefundene *finden*, als von Gott in Jesus Christus Bejahte das Ja zu Jesus Christus sagen, als von ihm Erkannte uns zu ihm bekennen. Erst wenn wir so eingehen auf Gottes Erwählung, daß auch wir ihn erwählen, schließt sich der Bund, nun sind wir im Heil.

Nathanaels Jesusbekenntnis ist, wie das der Jünger vor ihm, spontane Antwort auf das Erkanntsein durch Jesus, Ruf des Entdeckens: Der Schatz im Acker ist gefunden, die kostbare Perle ist aufgeleuchtet, der Ergriffene ergreift.

"Jesus aber erwiderte ihm: Weil ich dir sagte, daß ich dich gesehen habe unter dem Feigenbaum, glaubst du. Du sollst Größeres sehen."

Dieses Wort weist hinüber auf jenes, das Jesus nach seiner Auferstehung an Thomas richtet: "Weil du mich gesehen hast, Thomas, glaubst du; selig sind, die nicht sehen und doch glauben."

Die Geschichte des Nathanael und des Thomas ähneln einander. Beide sind zuerst Zweifler. Beide öffnen sich nicht sogleich dem Zeugnis der anderen Jünger, dem darin aufflammenden Licht. Beide machen den Anspruch auf Evidenz, um glauben zu können. Aber beide folgen dann auch der Aufforderung "Komm und sieh!" und erweisen sich so als Menschen, die das Licht zutiefst doch suchen. — Und wiederum: Beide werden ihrem Verlangen gemäß durch eine Art Evidenz, durch ein besonderes Eingehen Jesu auf ihre Schwäche, zum Glauben geführt. Und bei beiden folgt der Glaubenserkenntnis das freudige *Be*kenntnis. Danach aber wird beiden gesagt, daß auf der Ebene des Glaubens — die sie nun erreicht haben! — Größeres gesehen wird, Seligeres geschieht, als wenn der Mensch noch die Grenze seines irdischen Anspruchs gegenüber dem Anspruch Gottes aufrichtet. Das "Größere" sehen wir erst, wenn wir uns auf das "Größere" Gottes hin selbst überschreiten, im Glauben.

"Du wirst Größeres sehen": Was dem Nathanael die Augen für Jesus öffnete, war die plötzliche Erkenntnis, daß dieser sein Inneres erkennt und durchschaut. In dieser Erkenntnis erst öffnet er sich völlig für das Erkanntwerden vom Herrn. Aber es gibt Eigentlicheres, Größeres im Leben Jesu als sein

Wissen um das Geheimnis des Menschen. Die Kenntnis des Menschenherzens haben wohl auch die Engel (sie „sammeln die Auserwählten", sie kennen sie also heraus!). Das Größere, das Nathanael und seine Gefährten sehen werden, ist Jesu einzigartige Gemeinschaft mit dem Vater im Himmel, in deren Dienst die Engel stehen. Jesus drückt sie mit einem Bild aus, das dem noch altbundlichen Verstehen des Nathanael und zugleich dem Namen „wahrer Israelit", den Jesus ihm gab, angepaßt ist: „Ihr werdet den Himmel offen und Gottes Engel über dem Menschensohn hinauf- und hinabsteigen sehen."

Die Jünger, diese wahren Söhne Israels, werden in aller Wirklichkeit sehen, was Jakob im Traumgesicht schaute: die in Jesus geschenkte Kommunikation zwischen Himmel und Erde. Offen ist für Jesus die göttliche Welt. Er sieht und tut die Werke des Vaters, er hört und spricht seine Worte. Die Jünger werden es „sehen". (Die Bedeutung dieses Wortes ist hier, wie so oft bei Johannes, ganz weit und tief zu fassen, als ein den ganzen Menschen ergreifendes Innewerden.) Und sie werden einmal in Jesu Namen die gleichen Werke, ja, noch größere tun. Denn öffnen wird sich der Himmel über allen, die an ihn glauben und ihn lieben. Und so werden sie im Hinblick auf Jesus und seine Kirche wie Jakob sagen: „Wahrlich, hier ist nichts anderes als das Haus Gottes, hier ist die Pforte des Himmels!" (Gen 28,17).

4. Der reiche Jüngling (Mk 10,17—27)

Nur einer ist gut, Gott

Der reiche Jüngling ist für Christen aus drei Gründen ein sympathischer Mensch.

1. Im sogenannten „guten Leben", das er sich leisten kann, findet er nicht sein Genügen; er sieht weiter, er fragt: Was kommt dann?

2. Andererseits glaubt er auch nicht, wie manche seiner Zeitgenossen, etwa auf Grund gewisser Frömmigkeitspraktiken und anderer Vorleistungen, des ewigen Lebens schon sicher zu sein; die Frage, wie man es gewinnen könne, ist für ihn noch offen, ja sie bedrängt ihn.

3. Mit dieser Frage nun begibt er sich genau zu dem Mann, der sie beantworten kann, zu Jesus von Nazareth. Vielmehr, er *läuft* zu ihm hin, da er ihn auf dem Wege weiß; das ist Eile, wie sie uns in der Bibel immer dann begegnet, wenn der Geist einen Menschen drängt, den Kairos wahrzunehmen, die günstige Stunde, den göttlichen Augenblick. Jesu Vorübergang ist Kairos.

Was den Jüngling gerade zu Jesus zieht, so sehr zieht, daß er gewiß ist, dieser und kein anderer könne ihm seine Frage beantworten, ist offenbar dessen Gutsein. „Guter Meister“, so redet er ihn an — diese Anrede fällt in den Evangelien nur an dieser Stelle — er spürt offenbar: Jesus ist anders gut, als es sonst wohl gute Leute sind. So gut, daß er zuständig ist für die Frage, wie man das ewige Leben erlangt.

An den „guten Meister“ gerichtet, bedeutet die Frage des Jünglings nach dem ewigen Leben soviel wie: „Was muß ich tun, um so gut zu werden wie du?“

Jesus entgegnete ihm: „Was nennst du mich gut? Nur einer ist gut, Gott.“

Der Frager weiß nicht, wen er wirklich vor sich hat, wenn ihn auch dessen Gutsein zuinnerst berührt. In Jesu Erwiderung liegt darum zunächst eine Korrektur. Sie wehrt einer Vorstellung, die ebenso das Mysterium seiner Person wie den Heilszugang überhaupt verstellen könnte, der nämlich, es gäbe den guten Menschen aus eigener menschlicher Bemühung, es könne einer also etwa durch ein besonderes Maß an Frömmigkeit und Gesetzeseifer, oder durch Meditationstechnik, oder durch soziales Engagement so gut werden, daß er damit die Gottesgemeinschaft gewänne.

„Nur einer ist gut, Gott.“ In diesem Wort verbirgt sich eine ganze Theologie. Von uns aus, so wie wir uns vorfinden in dieser Welt, sind und bleiben wir in jedem Falle böse, mit allem Rennen und Laufen. Gut sein können wir nur, wenn Gottes eigenes Gutsein auf uns übergreift, sich uns schenkt. Eben darum kam Jesus in die Welt und ruft er in seine Nachfolge. Es geht um den übergreifenden guten Geist durch ihn.

„Nur einer ist gut, Gott." Eine Stelle aus dem Lukasevangelium, am Ende der sogenannten Gebetsrede (11,11—13), bekräftigt diese Wahrheit besonders eindrucksvoll: „Wem von euch wird sein Vater, wenn er ihn um Brot bittet, einen Stein geben? Oder um einen Fisch, wird er ihm statt des Fisches eine Schlange geben? Oder auch, er bittet um ein Ei, wird er ihm einen Skorpion geben? Wenn nun ihr, die ihr böse seid, euren Kindern gute Gaben zu geben wißt, um wieviel mehr wird der himmlische Vater den Heiligen Geist denen geben, die ihn darum bitten."

„Die ihr böse seid", das ist an die Jünger und an uns alle gerichtet. Wir sind also nicht etwa schon darum gut, weil wir unseren Kindern gute Gaben zu geben wissen. Liebe in den Grenzen von Fleisch und Blut ist noch nicht wurzelhaft gut, es steckt in ihr noch die Rückwendung zum eigenen Ich. In jeder Liebe, deren Grenzen wir selber ziehen, geht es im Grunde noch um ein menschliches Groß-Ich. Der reiche Prasser setzt sich noch in der Hölle für seine Verwandten ein. Bloße Sippenliebe durchbricht nicht den Zirkel der Egoismen, in dem wir uns bewegen.

Aus der Feststellung ‚ihr seid böse' zieht nun die kleine Parabel vom Kind die Konsequenz für uns: Wie ein Kind um Brot bittet, so bittet um den guten Geist, um den Geist, der euch gut macht! Diese Aufforderung wird nachdrücklich gemacht durch einen aufs erste geradezu schockierenden Vergleich. Wer gäbe schon seinem Kinde statt des erbetenen Brotes einen Stein? Statt des Fisches eine Schlange? Statt des Eies einen Skorpion? Nein, so etwas tut ja noch nicht einmal ein Zuchthäusler! Wozu dann überhaupt diese abstruse Vorstellung? Damit uns deutlich wird, daß Gott uns Schlimmeres gäbe als Stein, Skorpion und Schlange, wenn er uns seinen Geist nicht gäbe. Was gäbe er uns denn dann? Er gäbe uns der Gewalt des bösen Geistes anheim, er beließe uns im Bann des Ichsagens und damit am Ende dem ewigen Tode. Diese Wahrheit soll uns durchfahren: es gibt keine neutrale Zone! Entweder wir haben den Geist Gottes, oder wir stehen im Machtbereich des Widersachers, johanneisch ausgedrückt: Entweder wir kommen „von oben" oder „von unten". Wenn diese Einsicht uns zu tiefem Erschrecken bringen kann, dann drängt uns das Gleichnis vom Kind zugleich aber zu noch tieferem Vertrauen. Selbst ein Bösewicht verweigert seinem Kinde auf dessen Bitten hin doch nicht, was es zum Leben braucht, geschweige denn, daß er ihm statt dessen etwas Tödliches gäbe. Wieviel weniger wird Gott uns vorenthalten, was unser ewiges Leben nährt und sicherstellt, wieviel weniger wird er uns dem ewigen Tode überlassen. Eines freilich ist notwendig: daß wir nach dem guten Geist hungern, ihn nötiger brauchen, als ein Kind Brot, Fisch und Ei braucht, um irdisch am Leben zu bleiben. Und daß wir Gott aus solchem Hunger um diesen Geist bitten! Mit dem Gebet um den Heiligen Geist sollten wir unseren Tag beginnen, durchdringen und vollenden. In allem Beten geht es letztlich um ihn. Die Gebetsrede bei Lukas mündet geradezu in diesen Ausruf: „Wieviel mehr wird der himmlische Vater den Heiligen Geist denen geben, die ihn darum bitten!" wie in einer Konklusion.

Und wenn wir auf unser Bitten den guten Geist empfingen und dann dennoch wieder böse waren? Der gute Geist ist so gut, daß er uns auch unseren Undank, unser erneutes Böses wieder vergibt, daß er alles Schlechte in uns immer wieder ausräumt, uns den immer neuen Anfang im Gutsein schenkt.

Alle Gebote sind auf Liebe hin

Dem Worte „nur einer ist gut" läßt Jesus eine Frage folgen: „Du kennst die Gebote?"

Das Gespräch hält die Ordnung ein, die in der jungen Kirche über das Katechumenat zum Christwerden führte. Die kirchliche Praxis hat sie bis heute festgehalten im Nachvollzug der Pädagogik Gottes. Diese geht mit dem Menschen den Weg über die Sinaigebote zur Bergpredigt und zur Nachfolge Jesu Christi des Gekreuzigten. Die Beobachtung der Gebote ist und bleibt der erste wichtige Schritt auf das Heil zu, sie ist als tathafte Anerkennung Gottes des Herrn unerläßlich, um mit seiner Vaterliebe in immer neue Berührung zu kommen, um in die Gotteserfahrung hineinzuwachsen. Die Anerkenntnis Gottes führt zur Erkenntnis Gottes, ja sie führt auf die Dauer immer tiefer in sie ein. Das Erkennen Gottes wächst bei dem, der sich nach Gottes Willen richtet. Umgekehrt verliert man Gott aus dem Blick, erblindet für ihn, ja erklärt ihn schließlich für tot, wenn man ihm der inneren Entscheidung nach nicht mehr gehorcht, seine Gebote nicht mehr beobachtet. Das Tun der Wahrheit hat eine Schlüsselstellung für ihr gläubiges Begreifen, fürs Ergriffenwerden von ihr. Die Israeliten beantworten die Sinaioffenbarung mit den Worten: „Alles, was der Herr gesprochen hat, das wollen wir tun und hören" (Ex 24,7). Im Tun erst bildet sich das Gehör wie in der Musik. Ein Wort im Johannesevangelium spricht die gleiche Wahrheit aus: „Wenn jemand darangeht, den Willen Gottes zu tun, so wird er erkennen, ob meine Lehre aus Gott ist" (Joh 7,17).

Wer die Gottesweisung ernst nimmt, erfährt andererseits aber auch erst richtig sein Versagen vor Gott, seine Angewiesenheit auf Vergebung und Lösung von Sündenketten; so wird er erst offen für die Tiefe Gottes, für sein Erbarmen und am Ende für die Liebe, die sich am Kreuz für ihn in den Tod gibt.

Die Sehnsucht nach Erlösung und die Offenheit für die Liebe, die sie gewährt, ist die immer neue Vorbereitung auf das Geschenk des Heiligen Geistes. So wie wenn ein Unmusikalischer, der von Notenblättern abliest, was Musik ist, und sich mit Etüden abquält, wobei es dennoch immer wieder daneben geht, auf diese Weise wenigstens eine Ahnung von Musik bekommt und die Sehnsucht: hättest du doch die Gabe eines Mozart! — So war alle Gottesweisung auf Pfingsten hin. Alle Gebote sind auf Liebe hin. Wenn der Geist mitgeteilt ist, kann man die Notenblätter weglegen. Wenn Gottes Gesetz in die Herzen eingeschrieben ist, braucht es keine steinernen Vorschriftstafeln mehr.

Der Augenblick Jesu

„Der Jüngling antwortete: ‚Meister, das alles habe ich von meiner Jugend an beobachtet.‘ Da blickte Jesus ihn an und sagte zu ihm: ‚Eines fehlt dir noch; geh hin, verkaufe, was du hast, und gib es den Armen, und du wirst einen Schatz im Himmel haben, und komm und folge mir nach!“
Die Geschichte nimmt für den Fragesteller eine unerwartete Wende. Das ewige Leben, nach dem er fragt, wird ihm augenblicklich angeboten. Der Augen-Blick Jesu, der sich ihm liebend schenkt, ist zusammen mit dem Wort, das ihn in die Nachfolge, in die Lebensgemeinschaft mit dem „guten Meister“ ruft, eben dieses Angebot.

Also jetzt schon soll er bekommen, wonach er sich sehnt. Die kostbare Perle leuchtet auf. Der Schatz im Acker wird gesichtet. Nun braucht er nur noch voll Freude hinzugehen und alles zu verkaufen, was er hat, um es den Armen zu geben, um es umzumünzen in Mitmenschlichkeit, den Kaufpreis für die Perle, für den Acker.

Aber daß es jetzt schon ernst werden sollte mit solchem Tauschgeschäft, darauf war der junge Mann nicht gefaßt. Er hatte gemeint, es ginge auf jeden Fall nacheinander. Erst noch mein Leben, dann das ewige Leben, erst noch ich, dann Gott. Erst noch Abgaben, dann Hingabe. Erst noch irdischer Besitz, dann ewiger Besitz. Er war gewiß herzlich bereit, seine guten Werke und Almosen um weitere und größere zu vermehren, soweit sie sich nur einordnen ließen in ein von gewiß doch legitimen Gesichtspunkten des eigenen Vorteils und des eigenen Fortkommens gesteuertes Leben. Jedoch das Ganze ins Spiel bringen, aufs Spiel setzen?

Bisher gab er ab, jetzt soll er mit einem Mal sich selbst geben, denn auch Gott will sich ihm selbst geben, und das Selbstgeschenk Gottes will ihm auch die Kraft geben, sich seinerseits selbst zu geben, sich selbst zu überschreiten auf das Selbstgeschenk Gottes hin. Nicht er braucht den Anfang zu machen mit dem ewigen Leben, Gott macht ihn. Gott ruft ihn durch Jesus, den „guten Meister", herüber in die Gemeinschaft mit sich. Und dieser „gute Meister" ist auch der Garant dafür, daß die Geschichte dieser Berufung, wenn er ihr nur folgt, nicht anders als gut ausgehen wird.

Dennoch, der reiche Jüngling kann nicht, er will nicht. Seine Sache ganz auf Gott stellen? Mit einem Male kommt ihm vor, das hieße ja doch, sie auf nichts stellen. So entscheidet er sich dafür, sie weiter auf sich selbst zu stellen. Die kostbare Perle läßt er fahren und behält lieber seine Glassteine. „Da verschatteten sich seine Züge, und traurig ging er von dannen, er hatte nämlich viele Besitztümer."

Wir können uns den Kampf vorstellen, der in ihm vorging; denn der reiche Jüngling lebt ja in uns selbst. Daß seine Züge sich verschatten, daß er das Auge niederschlägt, besagt: er hält dem liebenden Blick Jesu nicht stand, er hält ihn nicht aus, er erträgt das Antlitz der Wahrheit nicht, und da er sich nicht von ihr beseligen läßt, weiß er sich von ihr gerichtet: traurig geht er von dannen, er wählt die traurige Freude, die untergehende.

Dietrich Bonhoeffer macht darauf aufmerksam, daß die Trauer des reichen Jünglings immerhin ein Zeichen seiner Aufrichtigkeit war und womöglich — wir wissen es nicht, denn es gibt auch einen Kairos, der nicht wiederkehrt — die ihm verbleibende Chance. Er erfährt sein eigenes Unmöglich, er, der bisher wohl allzusehr auf seine eigene Möglichkeit setzte, und ist damit erst völlig ausgeliefert an die göttliche Möglichkeit. Ob er sich in der Ruhelosigkeit, die das bedeutet, nicht am Ende doch noch diesem Jesus als dem Meister des Unmöglichen ganz anheimgibt?

Es gibt einen Bogen von der Trauer dieses Mannes zu den bitteren Tränen des Petrus in der Gethsemanenacht. Traurig sein, weil man sich nicht für die Nachfolge entscheidet, ist immer noch besser und aussichtsreicher, als vergnügt und zufrieden sein, weil es scheinbar auch ohne Nachfolge und ohne Entschiedenheit auf das ewige Leben zugeht.

In der Trauer des reichen Jünglings war das ehrliche Wissen: es gibt keine billige Gnade.

„Da blickte Jesus um sich und sagte zu seinen Jüngern: ‚Wie schwer haben es doch die Besitzenden, in das Reich Gottes hineinzugelangen!' Die Jünger erschraken über dieses Wort. Jesus aber fuhr fort und sagte zu ihnen: ‚Kinder, wie schwer ist es, in das Reich Gottes hineinzugelangen. Es ist leichter für ein Kamel, durch das Nadelöhr hindurchzukommen, als für einen Reichen in das Reich Gottes hineinzukommen.' Da waren sie völlig außer sich und sprachen zueinander: ‚Wer kann denn da überhaupt gerettet werden?'"

Warum erschraken die Jünger? Warum sagen sie: „Wer kann dann gerettet werden?" Hatten *sie* denn nicht alles verlassen und waren Jesus nachgefolgt? Aber das Wort Gottes ist „wie ein Schwert, das durchdringt bis zur Scheidung von Seele und Geist, von Gelenk und Mark, ein Richter über Gesinnungen und Gedanken des Herzens" (Hebr 4,12).

Jesu Ausspruch und Anspruch ließ sie im Innersten erfahren, daß auch sie noch reiche Jünglinge waren, wahrscheinlich ohne daß sie schon hätten sagen können wieso; es ließ sie vorauserkennen, daß auch sie einmal versagen würden wie jener arme reiche Mann. Es gibt Reichtümer, von denen man noch schwerer läßt als von materiellem Besitz. In der Gethsemanenacht werden sie alle an Jesus irre werden und ihn verlassen. Und jener, der sich vermaß zu sagen „wenn alle, ich nicht", wird fluchen und schwören: „Ich kenne den Menschen nicht." Um sein Petrusleben in Sicherheit zu bringen, läßt er Jesus allein in den Tod gehen. — Jesus hatte es ihm vorausgesagt, aber sofort auch hinzugefügt, um seine drohende Verzweiflung abzufangen: „Ich habe für dich gebetet, damit dein Glaube nicht schwinde." Es war die Erhörung dieses Gebetes, so erzählt es Lukas, daß unmittelbar nach der Verleugnung und dem Hahnenschrei das Auge Jesu den Jünger erreichte: „Jesus aber wandte sich um und sah Petrus an". In diesem Augenblick erfuhr Petrus, was Vergebung ist, aber auch, was sie Jesus kostete. Das war die Stunde der zweiten Bekehrung in seinem Leben, die eigentliche, die entscheidende. „Und er ging hinaus und weinte bitterlich." In dieser Nacht erst ließ Petrus seinen Reichtum hinter sich, vollzog er den Überschritt in die Herrschaft Gottes. Er hörte auf, auf sich selbst zu setzen. Der reiche Jüngling wurde arm, das war seine Rettung.

Der Mann, dem Gott es anbietet, Christ zu werden

Der reiche Jüngling ist der Mann, dem Gott es anbietet, Christ zu werden. Seine Geschichte ist keineswegs etwa in erster Linie ein Sonderfall von Jüngerberufung. Es ist zwar wahr, daß nicht jeder, der Christ werden oder sein will, den wörtlich gleichen Anruf hört: „Verkaufe alles, was du hast, und gib es den Armen, und komm und folge mir nach!" Aber worauf anders will dieses Wort hinaus als auf den Einsatz des Ganzen bei dem, der nach dem ewigen Leben fragt. Das Ganze gehört den „Armen", tritt in den Dienst der Brüder, wenn einer in die Nachfolge Jesu eingeht, in die Lebensgemeinschaft mit dem „guten Meister". Der Überschritt in das Reich Gottes geschieht im Zeichen der Brüderlichkeit, nicht anders. Das Abgabewesen der Religionen ist zu Ende, wenn Gott sich in Christus offenbart und das Geschenk seiner Selbstmitteilung beginnt. Nur wer diese erwidert, wer ernst macht mit der Hingabe, wer sich der inneren Entscheidung nach nichts vorbehält, geht wirklich ein in den Bund mit

Gott. (Gibt es Ehe, in der einer dem andern nur abgibt, dieses oder jenes: Zeit, Geld, Worte? Das Abbild, das wir noch ernst nehmen, muß uns heute wieder zum Urbild führen.)

Wem der Offenbarer begegnet und wer ihn als Retter einläßt, dessen ganze Existenz tritt unter ein völlig neues Vorzeichen. Sein Daseinsganzes ist in Bewegung gekommen auf Gott hin, gehört Gott in seinem Christus, ist Verfügbarkeit für ihn (vgl. 2 Kor 5,15).

In der Apostelgeschichte heißt es von der Urgemeinde — und dieser Satz ist bei Lukas gewiß nicht primär historisch, sondern paradigmatisch und kerygmatisch gemeint —: „Auch nicht einer sagte von seinem Besitz, daß ihm etwas gehöre." Darin liegt: Es gab noch Besitz, aber er wurde nicht mehr besessen, er stand den Forderungen der Gemeinschaft, der Brüderlichkeit zur Verfügung; tatsächlich gehört einem nichts mehr, sobald Gott uns gehört und wir ihm. „Das gehört mir", dieses Wort ist ein gottfremdes, ja gottloses Wort, ein Wort, mit dem wir uns von Gott absetzen, denn Gott ist arm. Wenn Reichtum sich an der Frage mißt, wieviel Eigentum einer hat, dann muß man sagen, Gott ist bitterarm, er verschenkt ja alles, sogar sich selbst bis zur Konsequenz der Kreuzigung für uns in seinem Sohn.

Im Gleichnis vom barmherzigen Vater sagt dieser zu seinem Sohn: „Mein Kind, du bist immer bei mir, und alles, was mein ist, ist dein." Nur wer dieses Wort zu dem seinen macht und es entsprechend an den Vater richtet — „mein Vater, ich bin immer bei dir, und alles was mein ist, ist dein" —, ist Sohn, hat den Geist des Sohnes. Die Antithese zu diesem Sohneswort lautet: „Gib mir den Anteil vom Vermögen, der mir zusteht." Der das Zustehende will, hat eine Existenz gewählt, die das Ganze preisgibt um des Anteils willen, der einem einzig selbst gehört. Wo der Anspruch sich aufrichtet, hat einer die Liebe verlassen und damit das Ganze. Denn die Liebe kann nur das Ganze geben, macht keine abgegrenzten Teile. Und Gott ist die Liebe.

Im Lukas-Evangelium gibt es ein Pendant zur Perikope vom reichen Jüngling mit umgekehrtem Vorzeichen, die Geschichte vom reichen Oberzöllner Zachäus (Lk 19,1—10).

Zachäus beeilt sich, ähnlich wie der reiche Jüngling, jene Chance wahrzunehmen, die die Bibel als den Kairos im Leben eines Menschen erachtet, den Vorübergang des Herrn. Er vermißt sich nicht, Jesus von Nazareth eine Frage stellen zu wollen; er möchte ihn nur sehen, diesen Rabbi, der sich von den übrigen Lehrern in Israel auf so einzigartige Weise unterscheidet, daß er sogar einen Mann seines verachteten Standes, den Zöllner Levi, unter seine Vertrautesten aufgenommen hat. Jedoch die Leute, die die Straßenränder umsäumen, lassen ihn nicht durch, obwohl er klein ist und den Blick nicht hindern würde. Da kommt ihm der Einfall vorauszulaufen und wie irgend ein Straßenjunge auf einen Baum zu klettern. Und nun geschieht ähnlich wie in der Geschichte vom reichen Jüngling das Unerwartete: Jesus beschlagnahmt diesen Mann für sich, ausgerechnet ihn: bei ihm will er einkehren, für ihn will er da sein, Lebensgemeinschaft mit ihm aufnehmen, und zwar auf der Stelle: „Zachäus, steig eilends herab, denn ich muß heute in deinem Haus bleiben."

Ähnlich wie in der Geschichte vom reichen Jüngling steht alles auf dem Heute und dem Jetzt, alles hat eine geradezu drängende Eile. Zachäus aber erweist sich als ein Sohn Abrahams, er gibt alles, er gibt sich ganz, so geht er ein auf den Bund, in den Bund: „Herr, die Hälfte meines Vermögens gebe ich den Armen, und wenn ich jemand betrogen habe, so erstatte ich es vierfach." Das ist kein Selbstruhm. Das ist das staunende, stammelnde Geständnis des Überwältigten — in der Sprache der Zahlen freilich, er hat keine andere. Ein Wunder geschah. Er kann, was er nicht kann. Er kann, was Jesus kann. Er tut, was Jesus tut, er gibt sich selbst, er gibt alles. Das Kamel ist durchs Nadelöhr gekommen.

Zachäus, ein notorischer Sünder, gibt, was der reiche Jüngling, der von Jugend auf die Gebote beobachtet hat, verweigert. Warum bringt dieser nicht fertig, was jenem möglich ist? Vielleicht weil er so viel weniger Vergebung braucht. „Wem wenig vergeben wird, der liebt auch wenig" (Lk 7,47). Erst sein Scheitern in der Begegnung mit Jesus läßt ihn erfahren, daß auch er ein armer Sünder ist, da er Gott im entscheidenden Augenblick das Ganze verweigert, sich selbst — so hatte er es in der Tiefe wohl immer schon verweigert. Wahrscheinlich hatte er bis dahin Leute wie so einen Zöllner gemieden, hatte er alle jene geringer geschätzt, die so viel weniger taten als er. Wahrscheinlich brauchte er darum so wenig Vergebung, weil es in ihm diesen Blick nach unten gab, der ihn verhinderte, Gottes erbarmenden Blick zu suchen, so daß er diesen Blick in entscheidender Stunde nicht aushielt. Sein Traurigsein läßt denken, daß er sich nun mit einem Male auf der Seite des Zöllners sieht, ja noch unter diesem. Denn was der Zöllner ihm voraushatte, war gewiß, daß er ihn nicht verachtete und daß er hungriger war nach dem Heil.

Erst, wenn einer eine Vergebung braucht, die das Ganze Gottes ins Spiel bringt, den Tod des Gottessohnes zu seiner Erlösung — darum braucht, weil er erkennt, daß er selbst Gott das Ganze schuldig blieb, sich selbst, seine Person —, erst dann kann einer die Kraft zur Selbstüberschreitung auf das neue Leben hin empfangen, das sich ihm in Christus eröffnet, erst dann gibt er das Ganze, beginnt er Christ zu sein, Mensch im Heiligen Geist. Denn der Geist schenkt sich vom gekreuzigten und erhöhten Christus her, von Gottes Ganzhingabe in ihm, nicht anders. Wer den für ihn Gekreuzigten, den „guten Meister", der so gut ist, daß er sein Leben für ihn dahingab zu seiner Erlösung, wirklich braucht, dem teilt sich Gott mit. Gut ist Gott allein. Daß Zachäus, der vorher böse war, so gut sein konnte, verdankte er dem allein Guten, der sein Gutsein nicht für sich behielt.

II. Das Problem der Nachfolge

1. Worte Jesu an die Jünger

IHR SEID DAS LICHT DER WELT

*Ihr seid das Licht der Welt. Die Stadt, die auf dem Berge
liegt, kann nicht verborgen bleiben. Man zündet auch kein
Licht an und stellt es unter den Scheffel, sondern auf den
Leuchter, damit es allen leuchte, die im Hause sind. So leuchte euer Licht vor den Menschen, damit sie eure guten Werke
sehen und euren Vater preisen, der im Himmel ist
(Mt 5,14—16).*

„*Ihr seid das Licht der Welt*", so sagt das Licht der Welt zu
seinen Jüngern. Sie haben „das Licht des Lebens" auf Grund
des Glaubens an ihn, sind von ihm Erleuchtete, von ihm
Durchglühte, „Licht im Herrn" (Eph 5,8). — „Inmitten
eines verkehrten und verderbten Geschlechtes" leuchten sie
„wie die Sterne im Weltall" (Phil 2,15). Nacht ringsum; wo
aber ein Jünger ist, da ist ein Stern: Bild, das heute fast
wieder zutrifft wie damals, weil es keine geschlossenen christlichen Großräume, keine vom Glauben durchlichteten Länder
und Völker mehr gibt. — Wären die Sterne nicht, niemand
wüßte im Dunkel von einem Himmel . . .

„*Man zündet kein Licht an und stellt es unter den Scheffel . . .*"
Gott hat uns das Glaubenslicht gegeben, damit wieder andere durch uns erleuchtet werden, zum Glauben kommen,

das Licht des Lebens haben. Keiner bekommt den Glauben für sich allein. Dieses Licht erlischt wie eine unter den Scheffel gestellte Flamme, wenn es nicht in die Dunkelheit der Welt hineinstrahlt. Licht ist ein einziger Angriff auf die Finsternis, es leuchtet nicht in der Verteidigung, in der Abschirmung. Christentum ist ein Angriff des Lichtes auf das Dunkel der Gottesferne und des Unglaubens, Angriff der Liebe auf den Haß. Die Versuchung unserer Zeit: das Licht vor der Finsternis abschirmen wollen mit den Mitteln der Finsternis, aus Angst vor ihren Drohungen. Was ist das? Verborgener Unglaube. Man glaubt nicht mehr an die Mittel Jesu. Man hält den Satan für mächtiger als ihn, die Finsternis dieser Welt für mächtiger als das Licht. Man sieht Gottes Sieg abhängig von der Verteidigung Gottes mit den Mitteln der Diesseitswelt, mögen es selbst Mittel grauenvollster Zerstörung sein, wie sie nur der Fürst dieser Welt den Menschen in die Hand geben kann. Weil man diese Mittel in den Händen der Feinde Gottes sieht, erwartet man die Rettung des Lichtes von der Überlegenheit dieser Mittel in den eigenen Händen. Wenn vom politischen Raum her sich diese Vorstellung in die Herzen der Christenheit einschleicht, so leuchtet sie nicht mehr, sie verliert alle erobernde Macht im Dunkel der Welt. Hierzu 1 Petr 3,13—18.

„... sondern auf den Leuchter, dann leuchtet es allen, die im Hause sind ..."

Das Haus Gottes: die Welt; für jeden einzelnen der ihm je zugewiesene Bereich seines Lebens und Wirkens. Dort soll das Licht allen leuchten, nicht nur den Freunden. Gesichtspunkte wie Sympathie oder Antipathie dürfen da nicht entscheiden. Keine esoterische Verkündigung in Wort oder Werk! Keine Auswahl treffen nach Fleisch und Blut, nach dem Beifall, den wir etwa ernten! Nicht nur denen leuchten wollen, die schon erhellt sind!

Jesus sagt nicht: „so soll *mein* Licht leuchten vor den Menschen", sondern: *„euer* Licht". Er hat sich uns nicht ausgeliehen, er hat sich an uns hingeschenkt. Was einer mir schenkt, ist mein. Darum: „euer Licht". Und wir haben die Freiheit der Liebe, es weiterzuschenken, wie es uns geschenkt wurde.

„Euer Licht", das bedeutet aber auch, daß wir nun selber wirklich Licht sein müssen — Licht durch ihn —, um zu leuchten. Nur was wir *sind,* das leuchtet, nicht was wir bloß sagen.

„. . . damit sie eure guten Werke sehen . . ."

Es muß uns liegen an der Sichtbarkeit Christi. Der zum Schauen Gottes ersehene Mensch ist angewiesen darauf, daß er Gott schon hier zu sehen bekommt. In allen zum Ebenbilde Gottes Bestimmten steckt zuinnerst ein Verlangen nach dem Urbild, sie müssen es nur sehen, um sich nach ihm auszurichten und es nie mehr aus dem Auge zu lassen. Dann werden sie „umgestaltet in dasselbe Bild von Klarheit zu Klarheit" (2 Kor 3,18). Darum wurde ja Gott in Christus Mensch. Und darum will die Menschwerdung Christi sich fortsetzen in den Christen.

Die Sichtbarkeit des Lichtes ist das gute Werk. Gut ist es nur durch ihn, Christus. „Niemand ist gut als Gott allein" (Lk 18,19). Unser Werk ist um so wahrer gut, je selbstvergessener es geschieht. Es ist immer Gefahr, daß unser Ich und Selbst das Licht verdunkelt. „Die Linke soll nicht wissen, was die Rechte tut" (Mt 6,3). Jesus sagt nicht: „auf daß sie *euch* sehen und *euch* preisen", sondern „auf daß sie eure *guten Werke* sehen und *euren Vater im Himmel* preisen". Die Anonymität lieben, damit die Reinheit des Lichtes gewahrt bleibt und sich bisweilen sagen: Hoffentlich bemerkt der andere nicht, daß die Sache von mir kommt, damit sie für ihn wirklich von Gott kommt!

„. . . und euren Vater preisen, der im Himmel ist."

Gott will in Chören gelobt werden. Wer selbst vom Gottes-
lobe glüht, weil er „Licht im Herrn" ist, der wünscht nur
eines: Himmel und Erde erfüllt zu sehen von seiner Herrlichkeit. So war es bei allem, was Jesus tat und lehrte. Die
Leute „lobten und priesen Gott für alles, was sie sahen und
hörten" (Mt 9,8; Lk 2,20; 7,18; Apg 4,2). Und dadurch
wurden sie selber Licht.

Mitten in dieser kleinen Parabel vom Licht steht nun das
Wort: *„Die Stadt, die auf dem Berge liegt, kann nicht verborgen bleiben."* Es wirkt zunächst wie eingesprengt, weist
uns jedoch auf etwas hin, was unbedingt in diesen Zusammenhang gehört: daß wir nur als *Gemeinde* der Jünger Jesu,
als Kirche, als Stadt Gottes, Licht sind, nicht anders; jeder
einzelne nur in der Teilhabe an ihr. Das Licht der Welt teilt
sich den Erwählten als dem Volke Gottes mit, „auf daß sie
eins seien" (Joh 17,11) — im Licht. Und eben diese Einheit
ist das Licht, und von ihr geht es aus. Nur ein mit Gott und
den Brüdern Geeinter ist Licht. Das unterscheidet die Gemeinschaft der Jünger von den sonstigen Ansammlungen dieser Welt, daß in ihr nicht das Ich gilt, sondern das Du, daß
in ihr nicht gehaßt, sondern geliebt wird. Dadurch sind sie
die Stadt auf dem Berge in den Niederungen dieser Welt.
Der Niveauunterschied macht die Jünger offenbar. Wo immer aber diese Stadt offenbar wird, da gibt es auch einen
Aufbruch zu ihr hin — bei allen, die aus ihrem Unten nach
oben, aus der Finsternis nach dem Licht verlangen.

DIE LEUCHTE DEINES LEIBES

*Die Leuchte deines Leibes ist dein Auge. Ist dein Auge ge-
sund, so ist dein ganzer Leib licht; ist es aber krank, so ist
dein ganzer Leib finster. Sieh also zu, daß das Licht, das in
dir ist, nicht Finsternis sei! Wenn dein ganzer Leib licht ist,
indem er keinen finsteren Teil hat, dann wird alles ganz
licht sein, wie wenn das Licht dich mit seinem Glanz erleuchtet (Lk 11,34—36).*

Ein Gleichnis vom Glaubenslicht. Was das leibliche Auge ist für unser Dasein in der sichtbaren Schöpfung, das ist unser Glaube für unser Leben im Licht, das Gott ist und mitteilt.

Im Glauben tut Gott unser Auge auf für das in Jesus Christus erschienene Licht, für den „Abglanz der Herrlichkeit Gottes auf seinem Angesicht" (2 Kor 4,6); aus Finsternis und Todesschatten zieht es uns zu diesem Licht, und wir kommen zu ihm durch Glauben, auf daß es uns aus Finsternis und Tod errette. Und in der Taufentscheidung weihen wir uns ihm: Nun wird es zur erwählten Sonne unseres wiedergeborenen Lebens. Glauben heißt fortan: Ihn, Jesus Christus, das Licht der Welt, im Auge haben und so im Lichte wandeln, das Licht des Lebens haben.

„Ist dein Auge gesund, so ist dein ganzer Leib licht."

Zwar ist es die Sonne, die unserem Leben im Leibe das irdische Licht spendet; sie würde uns aber vergeblich leuchten, wäre nicht das Auge da, dessen klarer Blick dieses Licht wahrnimmt, aufnimmt, und das durch sein Strahlen seinerseits die ganze Leibsphäre — alles, was uns umgibt und was wir tun und lassen — in dieses Licht taucht.

Entsprechend gilt: Christus ist das Licht unseres Lebens. Aber nur durch den Glauben, nur wenn wir ihn im Auge haben, sind wir Erleuchtete. Nur durch den Glauben taucht alles, was wir tun und lassen, ja die ganze Welt, in Licht, ist Christus für uns, was die Sonne für die Erde ist. Ein gesundes Auge hat, wer von Christus strahlt, wer alles in seinem Licht, im Licht der Wahrheit sieht; wessen Sicht und wessen Absicht bei allem und in allem auf ihn geht. Wer Christus nicht ausstrahlt, ist auch kein Erleuchteter mehr, er hat sich der Erleuchtung versagt.

„Ist dein Auge aber krank, so ist dein ganzer Leib finster."

Das kranke Auge weicht dem Lichte aus, es sucht das Dunkel, fühlt sich im Dunkeln wohl, aber so tappt der ganze

Mensch im Finstern. Die Anwendung: Ein krankes Auge hat, wessen Absicht nicht mehr rein ist, wer von Christus absieht, um anderes anzupeilen, wer nicht mehr alles hineinnimmt in den Aufblick zu ihm, wer hierhin und dorthin schaut in immer neuer Abgelenktheit. Wer sich selbst und die Geschöpfe sucht, damit sie ihm dienen, statt daß er Gott dient, wer selber angesehen sein will und so nicht mehr danach verlangt, daß Gott ihn sieht. Einer, dem Gott erloschen ist, weil ihm die Kreaturen hell wurden. So ist „sein ganzer Leib im Finstern". Alles, was er tut und läßt, ist dem göttlichen Gnadenblick entzogen, verbleibt im Bereich der Finsternis und ihres Fürsten.

„Sieh also zu, daß das Licht in dir nicht Finsternis sei!"
Die Mahnung zur Wachsamkeit. Das Auge aufbehalten für Christus! Unter seinem Blick bleiben, im Aufblick zu ihm, im Absehen von sich selbst. Als Petrus den Herrn aus dem Auge ließ, als er nach unten schaute, auf den Wind und die Wogen, statt nach oben, da sank er sofort. Er war nicht mehr, was er nur im selbstvergessenen Hin-blick auf Christus war: Licht im Herrn, das Schwergewicht wurde wirksam, und das Element dieser Welt droht ihn zu verschlingen. „Kleingläubiger, warum hast du gezweifelt?" sagt Jesus. Das also ist der Zweifel: die Unentschiedenheit des Auges, daß es einmal nach oben, einmal nach unten schaut, sich einmal von der Sicht, die sich in Jesus öffnet, ziehen und tragen läßt, das andere Mal den Aspekten der Diesseitswelt gehorcht; das Schwanken zwischen Licht und Finsternis, die nicht getroffene Entscheidung. Glaube ist die Entschiedenheit für das Licht als Grundhaltung, als Habitus. Wo diese Entschiedenheit fehlt, wo sie ins Wanken kommt, droht das Absinken, der Untergang.
„Sieh also zu, daß das Licht in dir nicht Finsternis sei!"
Diese Mahnung nicht überhören. Das Glaubenslicht Tag um Tag nähren mit dem stillen Hinschauen auf den Herrn,

einem Schauen, in dem nur er Thema ist. Dafür unbedingt Zeit haben. Beschaulich bleiben, die Actio entartet ohne die Contemplatio. Petrus sinkt in dem Augenblick, in dem er nicht mehr kontemplativ ist. „Wo keine Schau mehr ist, da wird das Volk wüst" (Spr 29,18).

Und die Eucharistie verstehen als die Stunde des Lichtes, der Erneuerung der Glaubenssicht, der Begegnung mit dem Licht, der Durchdringung mit ihm im Mahl. Was wir da essen, geht in die Augen über. „Und ihre Augen wurden aufgetan." Mysterium fidei: Reinigung des Auges von den Splittern ungeordneter Welt- und Ichverhaftung, Bewahrung vor dem Balken der Selbstgerechtigkeit. Und Einigung. Das Licht schenkt sich neu. So bleibt das Auge gesund.

„Wenn dein ganzer Leib licht ist und nichts daran finster, so wird alles ganz licht sein, wie wenn das Licht dich mit seinem Glanz erleuchtet."

Hinweis auf die Vollendung. Noch einmal die Akzentuierung des Ganzen. Nichts darf dem Licht entzogen bleiben; der ganze Leib, das ganze Leben, die ganze Welt sollen ins Licht gerückt werden. Zuletzt wird alles licht, alles in den Verklärungsglanz des Urlichtes eingetaucht. Unser niedriger Leib, hier beständig ins Licht gerückt durch den Glauben, wird in der Vollendung gleichgestaltet sein dem Leibe seiner Herrlichkeit. Gott wird alles in allem sein.

Das Gleichnis vom Auge steht bei Lukas und Matthäus in verschiedenem Zusammenhang. Bei Lukas geht ihm voraus der Satz: „Niemand zündet ein Licht an und stellt es in einen Winkel oder unter den Scheffel, sondern auf den Leuchter, damit die Eintretenden den hellen Schein sehen."

Von daher bekommt das Folgende diesen Akzent: Nur wenn dein Auge von Christus strahlt, wenn du ihn ausstrahlst, ist es ein gesundes Auge und ist dein Wandel im Licht. Glaube, der nicht mehr ausstrahlt — das ist das kranke Auge, Licht, das unter den Scheffel gekommen ist, erloschenes Licht.

Bei Matthäus wird das Gleichnis eingeleitet durch die Mahnung: „Sammelt nicht Schätze auf Erden ... denn wo dein Schatz ist, da ist auch dein Herz." Hier liegt dann im folgenden aller Ton auf der Absicht, die einer hat. Was sucht dein Auge, irdische oder himmlische Schätze, Christus oder diese Welt, den kommenden oder den jetzigen Äon, das göttliche Du oder das eigene Ich, Licht oder Finsternis? Wohin unser Blick geht, dorthin kommen wir, nach oben oder nach unten. Und wir werden, was wir schauen.

HÜTET EUCH VOR DEM SAUERTEIG
DER HEUCHELEI

Hütet euch vor dem Sauerteig der Pharisäer; das ist die Heuchelei! Es ist aber nichts verhüllt, was nicht offenbart werden wird, nichts geheim, was nicht erkannt werden wird. Darum wird alles, was ihr im Dunkeln sagtet, im Licht gehört werden, und was ihr in den inneren Räumen ins Ohr flüstertet, von den Dächern verkündigt werden (Lk 12,1—3).

Bei der Erwägung eines Herrenwortes tut man gut, zunächst hinzusehen, in welchem Zusammenhang es steht. Unserem Text geht vorauf die Wehrede Jesu gegenüber den Pharisäern und Schriftgelehrten. Sie nahmen Ärgernis, als er, von ihnen zu Tisch geladen, sich der Handwaschung enthielt. Diese gehörte zu dem Corpus von Vorschriften, welche die Moraltheologen und -praktiker jener Tage dem mosaischen Gesetz noch hinzufügten. Jesu Antwort zeigt, wie das Innere des Menschen liebeleer und voller Selbstsucht sein kann, während er nach außen hin alles tut, was das Aussehen der Gottesverehrung hat. Mit der sogenannten Ableistung eines Pensums von religiösen Leistungen verdeckt da einer sich selbst und anderen den wahren Zustand seines Herzens.

Auf diese Rede folgt nun unser Abschnitt. Aber dazwischen steht noch ein nicht unwichtiger überleitender Satz: „Da sich unübersehbare Volksmengen versammelten, so daß sie einander auf die Füße traten, fing er an, seinen Jüngern zu sagen . . ." (Lk 12,1). Mit den fast gleichen Einleitungsworten begann im voraufgehenden Kapitel Jesu Rede über das Zeichen des Jonas. Wer das Evangelium fortlaufend liest, hat noch im Ohr, wie der Herr da im Hinblick auf die Volksmenge sagt: „Dieses Geschlecht ist ein schlimmes Geschlecht . . ." Die Menge steht hier wie dort in einem deutlichen Gegenüber zu den Jüngern, an die Jesus sein Wort richtet; sie repräsentiert jene Welt, in die hinein er die Seinen sendet — „wie Lämmer mitten unter die Wölfe" (10,3).

Angesichts der vielen, die sich herbeidrängen, um Jesus zu sehen und zu hören, könnten die Jünger die Nüchternheit des Blicks verlieren, ihr Herz könnte beginnen, sich zu sättigen mit dem Eindruck, den ihr Meister macht und den auch sie machen, die in seinem Gefolge, in seinem Auftrag, seiner Vollmacht stehen. Aber das würde bedeuten, daß ihre Absicht unrein geworden wäre, daß sie nicht mehr in Wahrheit Gottes Sache suchten, sondern Eindruck und Erfolg; daß die Entschlossenheit zur Unpopularität, ja zum Martyrium, die mit der Heilsverkündigung verbunden sein muß, da sie im Anfang nichts anderes als Bußpredigt sein kann, einer zunächst vielleicht unmerklichen Angleichung an die Denkweise dieser Welt wiche, mitten im scheinbaren Einsatz für das Königtum Gottes und im inneren Widerspruch zu diesem. Darum jetzt das Wort: „Vor allem hütet euch vor dem Sauerteig der Heuchelei!"

Die Reinheit der Absicht

Erstwichtig und darum immer neuwichtig ist die Reinheit unserer Absicht. Ein wenig Sauerteig durchsäuert das ganze Mehl. Eine im Innersten unreine Absicht entfremdet unser ganzes Tun und Lassen der Gnade.

Jesu Wort hat über den Jüngerkreis mit seinem Sendungsauftrag hinaus grundsätzliche Bedeutung. Die Heuchelei beginnt beim Menschen, wenn einer scheinbar für das Gute, die

Gerechtigkeit, die Wahrheit eifert, es ihm aber in Wirklichkeit, wenn auch vielleicht sogar unbewußt, um die eigene Sache geht, die eigene Bestätigung, die eigene Macht, das eigene Geliebtsein, das eigene Rechtbehalten. Alles kommt auf die Richtung an, die unser Wirken zuinnerst hat, ob wir damit Gott und den Nächsten suchen oder uns selbst.

„Es ist aber nichts verhüllt, was nicht offenbart werden wird, und nichts verborgen, was nicht erkannt werden wird. Darum wird alles, was ihr im Dunkeln sagtet, im Licht gehört werden, und was ihr in den inneren Räumen ins Ohr flüstertet, von den Dächern verkündigt werden."

Das ist der Hinweis auf das Gericht. Heuchelei ist nutzlos. Das Verborgene kommt an den Tag. Wir werden nach unseren Absichten gerichtet. Niemand und nichts kann sich vor Gottes Angesicht verbergen, alles gelangt ins Offene. Die Lüge hätte gesiegt, würde nicht eine jede, die in der Welt ist, einmal entlarvt.

Bei Matthäus 10,27 f. hat dieser Vers einen anderen Akzent, nicht den der Warnung, sondern den der Ermutigung. Auch diesen wird man bei Lukas mit durchhören dürfen, den positiven Hinweis auf die Durchdringungskraft des echten Jüngerwortes. Wie das Samenkorn ans Licht kommt, den Halm hervortreibt und blüht und fruchtet, so dringt auch das schlichteste und verborgenste Sein und Sagen zur Ehre Gottes auf eine Weise, die Gott allein kennt und vorsieht, einmal ins Offene durch, in den Raum der Welt und Geschichte hinein, rettend und richtend, um in seiner Heilsmächtigkeit offenbar zu werden am Jüngsten Tag. Auch das Geringste und Alltäglichste, darum vielleicht uns selbst völlig Unbewußte, kann, wenn Gottes Geist es beseelt, die ungeahntesten Auswirkungen für das Reich Gottes haben. So geschah es etwa, als Maria Elisabeth grüßte. Was gibt es Selbstverständlicheres als einen Gruß? Aber die da grüßt: „Friede dir!", vibriert von Gott. Was sie tut, ist Wahrheit, was sie sagt, das meint sie. Und so genügt schon die „Stimme ihres

Grußes", um sie weitergeben zu lassen, was sie selbst erfüllt, den Geist, den wesenhaften Frieden: wie Hauch und Flamme, so greift er auf Elisabeth und das Kind in ihrem Schoße über, Heilsgeschichte begibt sich von nicht abzusehenden Konsequenzen.

Wie weit und wie tief unser Leben und Wirken einmal reicht, das mißt sich nicht an äußeren Erfolgen und Zahlen, das ist eine Frage unserer Gottverbundenheit, ob wir ein reines Herz haben, über das Gott allein verfügt.

Euch, meinen Freunden, aber sage ich: Fürchtet euch nicht vor denen, die den Leib töten können, sonst aber nichts zu tun vermögen! Ich will euch aber zeigen, wen ihr fürchten sollt: Fürchtet den, der nach dem Tode die Macht hat, in die Hölle zu werfen! Ja, ich sage euch: den fürchtet! — Kauft man nicht fünf Sperlinge um zwei Pfennige? Und doch ist auch nicht einer von ihnen vor Gott vergessen. Sogar die Haare eures Hauptes sind alle gezählt. Fürchtet euch also nicht: ihr seid mehr wert als viele Sperlinge! Ich sage euch aber: Wer mich vor den Menschen bekennen wird, den wird der Menschensohn vor Gottes Engeln bekennen. Wer mich aber vor den Menschen verleugnen wird, der wird vor Gottes Engeln verleugnet werden (Lk 12,4—9).

Der Warnung Jesu vor der Heuchelei folgt sinngemäß die Mahnung zur Furchtlosigkeit. Wer sich diesem Äon nicht angleicht, wer mit reinem Auge das Reich der Wahrheit, der Gerechtigkeit und der Liebe sucht, der wird die Gegnerschaft der Welt zu spüren bekommen.

Die Mahnung, sich vor ihr nicht zu fürchten, richtet Jesus an seine Freunde. „Euch, meinen Freunden, aber sage ich . . ." — diese Ausdrücklichkeit der Freundesanrede findet sich bei Lukas nur hier, sie läßt hinüberdenken an das den Priestern seit der Weihe vertraute Wort bei Johannes: „Jam non dicam vos servos, sed amicos — Nun nenne ich euch nicht mehr Knechte, sondern Freunde" (Joh 15,15).

Wenn wir Jesu Freunde sind, „Söhne des Lichtes", und nach seinem Auftrag „Licht der Welt", dann wird es uns gehen wie ihm, wir werden den Widerspruch der Finsternis erfahren, wir werden „in seinen Bedrängnissen mit ihm auszuharren" haben (Lk 22,28). Aber als seine Freunde nehmen wir auch teil an seiner Gemeinschaft mit dem Vater, am Reich. Freunde sind wir ja darum, weil er uns „alles offenbart hat, was er vom Vater gehört hat", uns vertraut gemacht hat mit seinem Geheimnis, seinem Sohn- und Erlösersein. Davon geht Jesu Mahnung zur Furchtlosigkeit aus. Daß wir seine Freunde sind, birgt die Gnade der Furchtlosigkeit schon in sich, ist Teilnahme an der seinen. Jesus ist ohne Furcht, weil er eins ist mit dem Vater. Er ist Gottes, und Gott ist für ihn. Seine Geborgenheit beim Vater aber umfängt auch uns, sofern wir zu ihm gehören und seines Geistes sind. „Wer aber den Geist Christi nicht hat, der gehört ihm nicht an" (Röm 8,9).

Gott ist auf unserer Seite, weil wir auf der Seite Jesu sind. Das bedeutet jedoch nicht, daß wir nun der Aufforderung Jesu zur Furchtlosigkeit nicht mehr bedürften und nicht jener Argumente, die sie erst durchdringen läßt in uns.

Furchtlosigkeit im Angesicht des drohenden Todes übersteigt ja das Maß des Menschen. Der Verlust des Lebens ist, irdisch gesehen, von allem am meisten zu fürchten. Dennoch, der irdische Tod wird zu etwas Geringem für den, der glaubt (wer glaubt, hat Gottes Maß), weil dieser Tod das Eigentliche nicht erreicht und betrifft, unsere Gemeinschaft mit Gott. Aufgerufen werden wir von Jesus zur Furcht vor *ihrem* Verlust. Denn nur durch diese Furcht überwinden wir die vor dem irdischen Tode. Darum erinnert uns Jesus: Es gibt ein Danach. Der Tod ist die Tür in dieses Danach, sie könnte in einen Tod führen, der unendlich viel furchtbarer wäre als der des Leibes: Gott könnte uns der Gemeinschaft mit sich für unwürdig erachten und in die Hölle stoßen, weil wir im Ernstfall nicht zu Jesus standen, weil wir seine

Freundschaft preisgaben im Eintausch gegen die Freundschaft dieser Welt.

Die Furcht, die Freundschaft Jesu und damit Gott zu verlieren, ist in dieser Prüfungszeit ein Wesensbestandteil der Liebe Gottes in den Jüngern. Aus dieser liebegeborenen Furcht kommt den Jüngern die Furchtlosigkeit gegenüber den Wölfen, in deren Mitte hinein sie gesandt werden mit der Wehrlosigkeit der Lämmer (Lk 10,3).

„Kauft man nicht fünf Sperlinge um zwei Pfennige? . . ."
Gott sorgt für den Sperling, wieviel mehr sorgt er sich um jede Einzelheit unseres Lebens! Die Jesus seine Freunde nennt, sind unendlich mehr wert als die unvernünftige Kreatur. Und wenn wir ihm darin ähnlich werden, daß sich alles Böse und Widrige drohend gegen uns wendet, so sollen wir wissen, auch darin, ja gerade darin birgt sich Gottes Heilsplan mit uns und der Welt. Jesus hat durch seinen Tod die Welt erlöst und durch seinen Leidensgehorsam uns allen die ewige Herrlichkeit erlangt. Und vielleicht sind auch wir ausersehen, „an unserem Leibe zu ergänzen, was an den Leiden Christi noch aussteht, zugunsten seines Leibes der Kirche" (Kol 1,24).

„Ich sage euch aber: wer mich vor den Menschen bekennen wird . . ."
Noch einmal Jesu Hinweis auf die Stunde des Gerichtes, als letzte entscheidende Ermutigung zum Zeugnis für ihn. Wenn wir den Mut haben, ihn mit unserer ganzen Existenz zu bekennen, „in dieser Welt zu sein, wie er ist", arm, verfolgt, liebend, „so ist die Liebe Gottes darin bei uns vollendet, daß wir am Tage des Gerichtes Zuversicht haben" (1 Joh 4,17). Aus dem Bekenntnis Jesu resultiert die Freudigkeit zum Gericht. Wer Jesus bekennt, der soll wissen, daß Jesus sich auch zu ihm bekennen wird.

Jesus läßt uns daran denken, daß wir zur Stunde des Gerichtes in den Lichtkreis der Gott umgebenden Mächte und
Gewalten treten. Wenn Engel im Neuen Testament vor den
Menschen erscheinen, dann ist ihr erstes Wort, bevor sie ein
anderes ausrichten können: „Fürchtet euch nicht!“ Die Klarheit Gottes, die sie umleuchtet, ist Gericht über den Sünder,
das diesen erbeben macht bis in seinen Grund. Die Furcht,
die der Engel auslöst, muß er selbst erst nehmen — und
offenbar hat er eigene Vollmacht von Gott dazu —, damit
der Mensch wieder zu sich finden und die Engelsbotschaft
vernehmen kann. Der Inhalt der Botschaft aber, die dem
„Fürchtet euch nicht“ folgt, ist immer Jesus. Er ist der Grund
dafür, daß der Engel sagen kann: fürchtet euch nicht!, und
daß dieses Wort die Vollmacht der Aufrichtung hat: wer
Erlösung sucht und wem Jesus verkündet wird, der darf
„sein Haupt erheben“ — das die Sünden beugten —, „denn
seine Erlösung naht“ (Lk 21,28). — Am Jüngsten Tag aber
wird die Erlösung sich darin vollenden, daß Jesus selbst,
wenn das Gericht uns in den Lichtkreis der Engel stellt, das
„Fürchtet euch nicht!“ zu seinen Bekennern hin sagen wird,
indem er sie, die Bekenner, vor den Engeln bekennt. Dieses
Bekenntnis Jesu wird jede noch bestehende Kluft zwischen
Menschen und Engeln schließen, es wird alles Dunkel in den
Bekennern tilgen, all ihren Mangel an Reinheit gegenüber
den seligen Geistern wettmachen, für alles Versagen ihres
Lebens wird es in die Bresche treten: darum, weil sie durch
alles Versagen hindurch ihn vor den Menschen bekannten,
weil sie nicht schwiegen, wenn man ihn angriff, und sich nicht
schonten, wenn es den Dienst des Zeugnisses galt. Mochten
sie arme Sünder sein, sie gehörten zu denen, die „Jesus suchten“ (Mt 28,5). In ihrem Bekenntnis wurde die innerste Absicht ihres Lebens offenbar, sie waren Kinder des Lichtes,
nun werden sie reines Licht.

„Wer mich aber vor den Menschen verleugnet, der wird vor
den Engeln Gottes verleugnet werden."
Jetzt heißt es nicht: den werde ich verleugnen, sondern: er
wird verleugnet werden. Hinweis auf Jesu Schweigen. Wer
hier seinen Mund schließt, wenn er Jesus bekennen müßte,
der schließt sich selbst vom Worte des Lebens aus, vom Bekenntnis Jesu zu ihm vor den Engeln. Deren Licht wird
jetzt zum Zorngericht über seine Finsternis.

„Denn mit dem Herzen glaubt man zur Gerechtigkeit, mit
dem Munde aber geschieht das Bekenntnis zum Heile"
(Röm 10,10). Den ersten Schritt zu unserer Rettung tut Gott
allein: Er offenbart sich uns in Jesus Christus und schenkt
unserem Herzen die Glaubensgnade; den zweiten sollen und
dürfen wir in der Kraft dieser Gnade, unserer Freiheit gemäß, mitvollziehen: dieser Schritt ist das Bekenntnis zu unserem Retter, erst das Öffnen des Mundes im Zeugnis für
ihn führt zum Heil. Es genügt nicht, daß wir im Herzen zu
Jesus stehen. Wir sind eine Leib-Seele-Einheit. Wie wir be-
gnadet und wie wir gesonnen sind, das soll der ganze Mensch
bezeugen. Nur wenn unser ganzes Dasein, Seele und Leib,
auf Gott hin offen wurde, kann Gott sich uns einmal für
ewig schenken. Denn auch Gott schenkt sich nur ganz.
Zwischen dem Morgen und dem Abend unseres Lebenstages
liegt eine Zeitspanne, die uns gewährt ist zum Bekenntnis.

EIN NEUES GEBOT GEBE ICH EUCH

Ein neues Gebot gebe ich euch: ihr sollt einander lieben, wie
ich euch geliebt habe, damit auch ihr einander liebt. Daran
werden alle erkennen, daß ihr meine Jünger seid, wenn ihr
Liebe zueinander habt (Joh 13,34—35).

Den Jüngern wird vor aller Mission gegenseitige Liebe geboten. Die freudige Wahrnehmung und Verwirklichung ihrer
durch Christi Liebe gestifteten Gemeinschaft ist das unterscheidende Kennzeichen ihrer Zugehörigkeit zu Christus; sie

ist erstwichtig, sie missioniert schon als solche, weil sie die Gegenwart Christi ist, seines Geistes, der die Herzen überführt, brennender Dornbusch, Feuer, das übergreift, ansteckt, andere erleuchtet und für Gott entbrennen macht. Sinngemäß gilt für diesen Zusammenhang 1 Kor 14,25: „Wenn dann ein Ungläubiger oder ein Uneingeweihter hereinkommt... so fällt er auf sein Antlitz und betet Gott an und bekennt, daß wahrhaft Gott unter euch ist."

Nur als die einander Liebenden, als die je neu in Jesu Namen „Versammelten" (vgl. Mt 18,20) dürfen die Jünger zuversichtlich hoffen, im Sinne Jesu apostolisch tätig zu sein, den Menschen mehr zu bringen, als was sie zu ihrem bloß irdischen Wohlergehen brauchen: etwas über alle Begreiflichkeit Hinausgehendes und -führendes, die Gegenwart Christi, das Andringen und Durchdringen seines Geistes.

„Wo Gottesliebe ist und Bruderliebe, da ist Gott", so heißt es in einem alten Hymnus. Im Zusammenleben der Menschen waltet heute vielfach ein entleerter Humanismus, der ohne Gott auszukommen meint; aber da bleibt den Menschen die kostbarste Chance ihres Daseins vorenthalten, die Erfahrung der Gottesgegenwart und ihrer zum Heil bekehrenden Macht. Es ist die Sendung der Jünger Jesu, den Menschen vor allem und in allem diese Gegenwart zu bringen. Darum ist nicht allgemeine Menschenliebe Jesu *neues* Gebot, auch nicht Nächstenliebe und nicht Feindesliebe, sondern daß die Seinen *einander lieben*. Im Ernstmachen mit diesem Gebot liegt die Bedeutung der Orden und aller Jüngerkreise inmitten der Volkskirche, sofern nur diese Gemeinschaften ihrer ganzen Ausrichtung nach nicht Absonderung, sondern Intensivierung christlichen und kirchlichen Lebens sind, also nicht ausgesparte Kreise, sondern Feuerherde der grenzenlosen Liebe Jesu mit ihrem Drängen zum Vater und zu allen Menschenbrüdern. Jede Jüngergemeinschaft ist „offene" Gemeinde, ist durch die sich ihr schenkende Gegenwart Jesu, durch seinen Heiligen Geist auf Weitung angelegt, nicht primär etwa auf Weitung ihres Eigendaseins, ihrer je besonderen Spiritualität, sondern schlechthin auf das Übergreifen und Ausgreifen der Liebe Christi in den Herzen der Mitmenschen und der Völker.

Wenn die gegenseitige Liebe der Jünger Zeugnis und Erkennbarkeit Christi sein soll, dann muß sie je neu *gründen* in seiner Liebe. Er sagt: „Liebet einander, *wie* ich euch geliebt habe, damit auch ihr einander liebt." Mit diesem „wie" ist nicht die Intensität der Liebe beschrieben, auch nicht etwa nur die Weise der Liebe als die des Dienens, sondern es ist auf den Grund der Liebe verwiesen. Das Gebot der Liebe und seiner Erfüllung gründet in der erfahrenen Liebe Jesu, ist nie auf sich selbst gestellt. Verwirklichen können wir es darum nur im Glauben. Glauben ist im Johannesevangelium der Krug, der das lebendige Wasser zum Strömen bringt und auffängt (siehe Joh 7,37 ff.). Was Jesus aufgibt, das gibt er zuvor in seinem Wort und Gedächtnis denen, die glauben. Es geht ums Weitergeben von Gegebenem.

Wie sehr die Urgemeinde das begriffen und wie ernst sie damit gemacht hat, sagt uns die klassische Stelle über das gemeinschaftliche Leben der ersten Christen in der Apostelgeschichte (2,42—47). Dieser Text bezeugt, daß sich die Jüngerschaft grundlegend verwirklichte im gemeinsamen Hören des Wortes, im Brotbrechen und im Gebet; daraus ging dann hervor das Zusammenhalten der Gemeinde in den Fragen des Alltags, die Gütergemeinschaft, die Sorge aller um das Wohl der einzelnen, daß jeder bekam, was er brauchte. Der Schlußsatz des Textes besagt, daß das Mysterium solcher Gemeinsamkeit missionierend wirkte: „Der Herr aber brachte täglich zur Gemeinde solche hinzu, die gerettet werden sollten."

2. Worte Jesu an einen Gesetzesfrommen

„Wem wenig vergeben wird, der liebt auch wenig" (Lk 7,47). Das also ist der Grund dafür, wenn wir wenig lieben, wenig überströmen von herzlicher Güte, manches Gute tun, aber uns selber schonen: Uns ist wenig vergeben!

Wie jenem Simon, dem Pharisäer. — Wir müssen uns hüten, ihm Unrecht zu tun. Er gehörte zu den angesehenen Frommen in Israel, sein Leben bewegte sich in korrekten Bahnen, er gab Almosen, fastete — was blieb er schon Gott schuldig? Weniger als die meisten Menschen. Weniger auf alle Fälle als jene stadtbekannte Dirne. So braucht er also auch wenig Vergebung. Und doch ist gerade dies sein Unglück.

Denn nun geschieht es, daß diese Vergebung bei ihm an die Tür klopft, daß sie in sein Haus kommt, in der Person des Herrn — aber er läßt sie nicht in sein Inneres ein, sie erreicht ihn nur so viel, daß sie gleichsam seine Haut ritzt, soviel wie er Vergebung braucht, nicht mehr, nicht ihn selbst, seine Mitte, sein Herz. Und dementsprechend begegnet er ihr — ohne Herz. „Ich kam in dein Haus, und du gabst mir kein Wasser für meine Füße, keinen Begrüßungskuß, du salbtest mein Haupt nicht mit Öl", so sagt Jesus zu ihm. Sowenig wie er Vergebung braucht, genausowenig bringt er Liebe entgegen, genausowenig ist Liebe in ihm.

In diesem Nichtlieben aber zeigt sich, was er Gott in Wahrheit immer schon schuldig blieb: sein Eigentliches, sich selbst, und das heißt: alles. Seine Schuld ist ein Abgrund. Denn was bedeutet es, dieses und jenes tun, oder sich vor diesem und jenem hüten, wenn einer seine Person, die Gott gehört, für sich selbst behält, wenn einer nur abgibt, sich aber nicht hingibt.

Der Balken im Auge

In Simons Korrektheit verbirgt sich eine Sünde, die tiefer reicht und verhängnisvoller ist, als es die der Sünderin war, jene, die Jesus mit dem Balken im Auge vergleicht (jede andere ist nur ein Splitter von diesem Holz). Hier sieht einer den, der weniger ist als er, und vergleicht sich mit ihm statt mit Gott. Er sieht das entstellte Gesicht der Sünderin und im Spiegel dieses Gesichtes sein eigenes glattes Gesicht. Die Sicht seines Herzens geht von oben nach unten, und in dieser Richtung findet er nicht Gottes erbarmendes Angesicht, das nur der Aufschauende wahrnimmt. So verfehlt er dieses Angesicht zu der Stunde, da es ihm in Jesus Christus begegnet, so verfehlt er den Blick des Herrn, der sein Inneres sucht, so verfehlt er die Vergebung, obwohl er mit ihr, mit Jesus, in einem Hause ist, ja an einem Tische sitzt.

Dieses Haus wäre in dem Augenblick, da Jesus es betritt, auch für ihn jene Kammer, in die wir eingewiesen werden, wenn wir gerettet werden wollen, der Ort, wo „Gott sieht" (Mt 6,6). Aber solange es uns nicht um dieses Sehen, diesen Gnadenblick geht, solange wir uns noch selber im Auge haben, nützt auch die Kammer nichts, nützt es nichts, daß wir mit Jesus in einem Hause weilen. Denn der Vater „sieht im Verborgenen" (nicht „ins Verborgene", wie oft falsch übersetzt wird, als ob Gott, der Allsehende, da nur etwas feststellte); das aber heißt: Gottes Sehen verbirgt sich und bleibt verborgen vor dem Auge der Welt, vor dem weltlichen Auge, vor dem, der etwas anderes sucht als Ihn. Man geht nur äußerlich in die Kammer, wenn man nicht auch mit dem Herzen die Wende von draußen nach drinnen vollzieht, vom Draußen der Ichwelt nach dem Drinnen mit dem Vater, von der „Finsternis draußen" zum Licht, das drinnen ist und das Gott ist. Mit anderen Worten, wenn man nicht „in sich geht", und das heißt eben dorthin, wo der Vater sieht und uns erwartet wie den verlorenen Sohn, längst bevor wir Ihn sehen.

„Dein Glaube hat dir das Heil gewirkt"

Diese Blickwende freilich verdankt niemand sich selbst, obwohl doch jeder sie mitvollziehen muß, der das Heil erlangen will. Sie ist identisch mit dem, was Jesus Glauben nennt. Wenn einer sich von dem Gnadenblick, den Gott in Jesus Christus auf ihn richtet, erreichen ließ als von dem Licht, das in seine Finsternis drang, so glaubt er. Zu der Sünderin sagt Jesus, da er ihr die Vergebung zuspricht: „Dein Glaube hat dir das Heil gewirkt. Gehe hin in Frieden!"

Darum liegt alles an diesem Glauben. Was ihn nährt, was die Konfrontierung mit Jesus Christus erneuert, den Kontakt mit ihm vertieft, was sein Bild unserem Herzen tiefer eingräbt, ist sofort und immer auch Nahrung des Hungers nach Vergebung und Mehrung ihres Empfangs. Ohne diesen Glauben dringt die Vergebung nicht in die Tiefe des Herzens. Dann mag einer wohl begreifen, daß ihm Schuld erlassen ist, weil er beichtete, und doch hat er die Liebe nicht begriffen, die ihm erwiesen wurde: Gott gibt sein Herz, sein Blut, sein Leben für dich, er gibt sich selbst in diese Vergebung hinein, er gibt alles. So viel gab er, so viel mußte er geben, das *ist* die Vergebung, weil ja wir in der Sünde auch alles schuldig blieben, uns selbst, das Herz. Und weil wir nur in der Kraft seines Herzblutes, das zu unserer Rettung vergossen wurde, der Kraft, die der Heilige Geist ist, Gott auch alles zu geben vermögen, um so gerettet zu werden; denn in die Gemeinschaft mit Gott einzugehen vermag nur, wer sich nichts vorbehält. Aber wie kann diese Kraft den erreichen, der nicht wahrhaft glaubt, nicht im Glauben an Jesus Christus genährt, geweitet, geübt wird? Dann kommt die Vergebung auch nicht weiter mit ihm, er verändert sich nicht, trotz Beichte und Kommunion, er bleibt liebearm Gott und den Menschen gegenüber, er erkennt sich selbst nicht in der Tiefe, weil er Gottes Tiefe nicht erkennt. Darum weiß er nicht, wieviel Vergebung er wirklich braucht, und darum empfängt er nicht soviel, wie er braucht. Das Wichtigste beim Empfang des Bußsakramentes ist der Glaube, vor der Reue. Auch hier gilt: „Der Glaube ist Wurzel und Grundlage aller Rechtfertigung" (Trienter Konzil).

Wieviel Vergebung braucht der Mensch?

Wieviel Vergebung der Mensch braucht, wird er erfahren in dem Maße, in dem er sich mit dem Gekreuzigten und Auferstandenen einläßt, oder richtiger: in dem Maße, in dem er Ihn in sich einläßt — durch Glauben. Es braucht einer so viel Vergebung, wie er Jesus Christus braucht. Und wieviel empfängt er? So viel, wie er Jesus Christus liebt, in Tat und Wahrheit liebt, wie jene Sünderin.

Warum halten die Heiligen sich für die größeren Sünder? Weil ihr Glaube der größere ist, weil ihr innerer Blick nicht ausweicht vor dem Anblick des Gekreuzigten, weil er für sie die Erscheinung ihrer Schuld ist. Und weil sie so viel Vergebung brauchen, als sie die in ihm geschehene ermessen. Weil der Abgrund der Liebe Gottes in der am Kreuz geschehenen Vergebung ihnen den Abgrund der eigenen Schuld zeigt. Und weil sie um die Verflochtenheit aller Sünden wissen. Sie haben ein feines Gespür dafür, daß einer, wenn er sich nur im kleinen der Liebe versagt, die Gott von ihm forderte, Mitursache dafür sein kann, daß irgendwo anders in der Welt ein Verbrechen geschieht. Ein heiliger Basilius gab die Schuld für Schicksalsschläge, die die Kirche oder sein Vaterland trafen, immer seinen eigenen Sünden. Er sagte sich: Gott weiß, wieviel schwerer meine kleinen Sünden wiegen als die großen des Schächers, denn ich lebe von Kind auf an der Quelle der Liebe.

Die Heiligen distanzieren sich nicht von den anderen Sündern, sie identifizieren sich mit ihnen, sie stellen sich mit ihnen in die Gemeinschaft der Schuld; weil sie alle lieben, tragen sie mit an der Sündenlast aller. Und wenn das Lamm ihre Sünde hinwegnimmt, so ist das je und je die Sünde der ganzen Welt. Darum brauchen sie soviel Vergebung. Und darum empfangen sie soviel. Und daß ihnen soviel vergeben wird, das macht sie zu Liebenden, von Dank und Liebe Überströmenden.

3. Worte Jesu an die Volksmenge

Es zogen aber große Volksmengen mit ihm dahin, und er wandte sich um und sprach zu ihnen: Wenn jemand zu mir

*kommt und seinen Vater und seine Mutter und seine Kinder
und seine Frau und seine Brüder und seine Schwestern nicht
haßt, dazu auch sein eigenes Leben, so kann er mein Jünger
nicht sein. Wer nicht sein Kreuz trägt und mir nachfolgt, der
kann mein Jünger nicht sein ... (Lk 14,25—27).*

Wieder und wieder hören wir bei Lukas, vor allem im sogenannten Reisebericht (9,51 bis 19,27), daß große Volksscharen zu Jesus strömen, ihn umdrängen, mit ihm dahinziehen.
Ebenso häufig und nachdrücklich hebt das gleiche Evangelium dieses Phänomen der Menge von dem der echten
Nachfolge ab.

Die Volksmenge steht der „kleinen Herde" der Jünger, der
„vom Vater das Reich gegeben ist" (12,32), oft geradezu
gegenüber: — als das „schlimme Geschlecht", das Zeichen
fordert, aber nicht Buße tun mag (11,29 ff.); — das sich von
Wolke und Wind sagen läßt, ob es Regen oder Hitze gibt,
aber von herannahender Gottesherrschaft nichts bemerkt
(12,54 ff.); — das repräsentiert ist durch jenen Mann, der
Jesus zum irdischen Erbverteiler machen will, anstatt zu erkennen, daß er ein himmlisches Erbe zu vergeben hat
(12,13 ff.); — und aus dem sich Stimmen erheben, die sagen:
durch Beelzebub, den obersten der bösen Geister, treibt er
die Geister aus (11,15).

Aus der gleichen Volksmenge kommt freilich auch der
enthusiastische Ruf jener Frau, die, von der Frohbotschaft bewegt, die Mutter Jesu seligpreist (11,27); — kommt auf
Jesu letztem Weg das Weinen und Wehklagen derer, die sich
von seinem Leiden erschüttern lassen. — Aber auch das Er-
griffensein durch Jesu Wort und Wundermacht, auch die
Tränen des Mitleidens mit ihm bedeuten für unser Heil (und
darum für Jesus selbst) nur dann etwas, wenn sie in die
Jüngerschaft führen, wenn wir die Weisungen, die Jesus für
uns vom Vater hat, ernst nehmen und wenn wir ihm bedingungslos dorthin folgen, wohin „sein Antlitz fest gerichtet ist", zur „Hinaufnahme", von der der erste Satz des

Reiseberichtes spricht. Von diesem programmatischen Satz (9,51) her muß man die einleitenden Worte zu unserem Herrenwort verstehen:

„Es zogen aber große Volksmengen mit ihm dahin, und er wandte sich um und sprach zu ihnen . . .“
Jesus ist auf dem Wege zum Opfer, nach „oben“, und nun wendet er sich um zu den vielen, die mit ihm ziehen, aber die Konsequenzen dieses Mitgehens nicht ermessen. (Genauso wird er sich ein letztes Mal auf dem Kreuzweg umwenden zu den klagenden Frauen hin 23,27.) Er weist sie nicht zurück, diese Scharen, die „zu ihm kommen“ und ihm das Geleit geben. Es ist ja nichts Geringes, daß sie aufgebrochen sind aus ihren Häusern, ihren Dörfern, ihren Städten, ihren Gewohnheiten, um ihn zu sehen, zu hören, bei ihm auszuharren und seine Macht in Heilungen und Austreibungen der bösen Geister zu erfahren.
Was zieht sie denn, wenn nicht das Licht?
Aber geht diese Anziehung so tief, daß sie die Schicht ihrer eigenen Wünsche und Vorstellungen von der Herrschaft Gottes durchdringt, daß sie die Bereitschaft in ihnen wirkt, sich selbst fremd zu werden, um diesem Licht zu gehören und in seinem Strahlenkreis zu verbleiben? — Um den Preis, daß die meisten sich abwenden, muß Jesus jede auf ihn gerichtete Erwartung durchkreuzen, die im Bereiche von „Fleisch und Blut“ angesiedelt ist, jede, die schon eine Art Jüngerschaft oder Zugehörigkeit zu ihm darin sehen möchte, daß man sich um ihn drängt, sich von ihm heilen läßt, mit ihm zu Tische sitzt oder daß man ein alter Bekannter oder Verwandter von ihm ist:

„Wenn jemand zu mir kommt und seinen Vater und seine Mutter und seine Frau und seine Kinder und seine Brüder und seine Schwestern nicht haßt, so kann er mein Jünger nicht sein.“

Nur wer die Blick- und Wegrichtung Jesu nach „oben" so zu der seinen macht, daß er bereit ist, alles zu lassen, ja zu hassen, was sich dieser Richtung entgegenstellt, was ihn im Unten festhalten will, was ihn dahin bringen will, Jesus und das kommende Reich wieder aus dem Auge zu lassen, seien es Familien- oder Herzensbande, sei es irdischer Besitz oder eine andere Form von Lebensanspruch, der kann sein Jünger sein.

Ja, Jesus geht noch weiter:

„Und wer nicht sein Kreuz trägt und mir nachfolgt, kann nicht mein Jünger sein."

Jesus selbst ist auf dem Wege zur Hinrichtung, zur Erhöhung am Kreuz, der Voraussetzung für seine und aller Erlösten Erhöhung zum Vater. Wer sein Jünger sein will, muß bereit sein, eben diesen Weg mitzugehen, die Schmach Jesu auf sich zu nehmen, den Haß der Finsternis gegen das Licht zu tragen und durchzutragen bis zur Teilhabe an der Hinopferung Jesu, in der der Sieg des Lichtes über die Finsternis, die Überwindung der Welt und ihres Fürsten sich vollendet.

Denn wer von euch, der einen Turm bauen will, setzt sich nicht zuerst hin und berechnet die Kosten, ob er hat, was er zur Vollendung braucht, damit nicht etwa, wenn er den Grund gelegt hat und es nun nicht durchzuführen vermag, alle, die es sehen, anfangen ihn zu verspotten, indem sie sagen: dieser Mensch fing an zu bauen und vermochte es nicht durchzuführen? (Lk 14,28—30.)

Der Turm in dieser Gleichnisrede ist das Gegenbild des Turmbaus zu Babel. In Babel wollten die Menschen sich selbst einen Namen machen, sich selbst ein Monument der Einheit setzen, um selbst mächtig zu sein. Und *Gott* spottete ihrer, weil sie diesen Turm, der in den Himmel reichen sollte, nicht vollenden konnten. — Bei dem Turmbau, der Bild der Nachfolge Jesu ist, geht es einzig um die Verherrlichung des

Gottesnamens. (Und im Zeichen dieses Turmbaus geschieht die Sammlung der zerstreuten Kinder Gottes in die Einheit mit Gott und untereinander, die Erlösung aus der Zerstreuung, in die der babylonische Turmbau den Menschen erst vollends hineinführt.) Dieser Bau aber, der wahrhaftig „in den Himmel reicht" (Gen 11,4), kann nicht selbständig von Menschen aufgetürmt werden. Vom Himel „kommt er herab" (Offb 21,2). Gott selbst baut ihn. Und sein Baumaterial sind nicht irdische Steine, wie sie die Technik zusammenfügt (Gen 11,3), sondern der im ewigen Gottesgeiste an den Vater hingegebene und beim Vater verklärte Leib Jesu Christi, welcher gehorsam wurde bis zum Tode, ja bis zum Tode am Kreuz. — Mitbeteiligt an dieser Auferbauung aber werden alle, die an Jesus Christus glauben und ihm nachfolgen. Wer sein Jünger ist, wer in seiner Nachfolge dem Willen des Vaters gehorsam ist und „seinen Leib (seine leibhaftige Existenz) darbringt als ein lebendiges, heiliges, Gott wohlgefälliges Opfer" (Röm 12,1), der baut mit. Und indem er so mitbaut, wird er selbst auferbaut als ein Stein in jenem Bau, der „in den Himmel reicht", den alle Erlösten mit dem Erlöser Jesus Christus als ihrem Eckstein bilden, und in dem sie beim Vater Wohnung haben.

Und darin ist mitgesagt, welches die Kosten des Turms sind, um den es geht, wenn man Jünger Jesu sein will: Es muß einer alles lassen und hassen, was in ihm an Babylon mitbaute, den eigenen Willen, das sündige Ich, das zeitliche Leben. Nur so wird einer das ewige Leben gewinnen.

4. Worte Jesu über den Wegbereiter

Dieser ist es, von dem geschrieben steht: Siehe, ich sende meinen Boten vor deinem Angesicht, der deinen Weg vor dir bereiten soll. Denn ich sage euch, unter den vom Weibe geborenen ist keiner größer als Johannes. Aber der Kleinste im Reiche Gottes ist größer als er (Lk 7,27—28).

Kein Größerer unter den vom Weibe Geborenen als Johannes der Täufer! Zwar unterscheidet Jesus durch den nachfolgenden Satz die Ordnung des Weibgeborenen von der des Wiedergeborenen, die der Buße von der der Gnade, die des Wartens auf die Gottesherrschaft von der des Lebens in ihr, aber das hebt die Bedeutung seines Hinweises auf die Größe des Täufers für uns nicht auf. Denn auch wir leben in gewisser Hinsicht noch im Advent, sind zur neuen Schöpfung noch nicht vollendet und harren des göttlichen Kommens. So sagt uns die Gestalt des Johannes und Jesu Wort über ihn: Das Größte, was ein Mensch in seiner Ordnung und mit seinen Möglichkeiten tun kann, ist, daß er Gott und seiner Herrschaft bei sich und anderen die Wege bereitet, daß er Gott Raum gibt und schafft im eigenen Leben und Herzen und in den Herzen der Mitmenschen. Mehr und Größeres kann er als Mensch nicht tun, und mehr kann er darum auch nicht sein als ein Wegbereiter Gottes. Darum kann eine Mutter, die ihre Kinder beten lehrt: „es komme dein Reich!", oder ein Mensch, der durch Sanftmut, Demut und Armut auf das nahe Kommen des Herrn hinweist, einen genialen Staatsmann an Größe weit überragen. Die gewaltigsten geistigen und politischen Leistungen bedeuten in Gottes Augen nur so viel, als sie mithelfen, die Hindernisse aus dem Weg zu räumen, die seinem Kommen im Wege stehen.

Der Wegbereiter

Die einzigartige Sendung des Täufers bestand darin, daß er *der* Wegbereiter Jesu war, daß er die in Finsternis und Todesschatten Sitzenden ganz unmittelbar auf das kommende Licht der Welt hinwies, die Veränderungs- und Aufbruchsbereitschaft der Menschen auf den Kommenden hin weckte und selber dem Herrn die ersten Jünger zuführte. Seine Größe aber machte es erst aus, daß er seiner Aufgabe völlig unabgelenkt und selbstlos diente. Sein Leben hatte einzig das Thema, das Gott ihm stellte; die „Sorgen und Genüsse dieser Welt" hatten keinen Raum darin, aber ebensowenig auch das Ich und Selbst. Sein eigenes Leben sollte ein selbstloses Warten bleiben, so hatte Gott es ihm auferlegt. Andere sollte er für den Gesalbten bereiten und auf solche Weise lauterste Bereitschaft für ihn sein, selber aber zu Lebzeiten nicht teilhaben an seinem Wort und Tisch: der Kleinste im Himmelreich größer als er.

Zwei Kelche: der eine aus lauterem Gold, aber noch ohne den kostbaren Inhalt, für den er gebildet ist; der andere vielleicht aus geringerem Metall, noch dazu schlecht gereinigt, und doch enthält er schon den Trank des Lebens.

Erst durch seine Vollendung im Martyrium ging Johannes in Gottes Erbe ein, als Miterbe Christi. Nun freilich ist der Größte aller vom Weibe Geborenen — nächst Maria, der von Anbeginn ihres Daseins aus Gott Geborenen auch der Größte im Himmelreich. Als solchen ehrt ihn die Kirche vor den Aposteln, als solchen sollte er den Herzen der Gläubigen vertraut sein.

„. . . jener muß wachsen, ich aber muß abnehmen" (Joh 3,30). Ähnlich wie Maria ganz enthalten ist in ihrem „Ecce ancilla Domini", so faßt sich des Täufers Wesen, seine adventliche Sendung wie seine Nähe zu Jesus zusammen in jenem Wort, das uns das vierte Evangelium als sein letztes überliefert: „Ein Mensch kann nur empfangen, was ihm vom Himmel gegeben ist . . . jener muß wachsen, ich aber muß abnehmen" (Joh 3,27.30) — es enthält die Antwort seines Lebens auf Gottes Ruf.

Man muß das Wort im Zusammenhang nachlesen. Da kommen die Jünger des Johannes zu ihrem Meister mit der unmutigen Feststellung: „Rabbi, der bei dir auf dem anderen Jordanufer war, dem du Zeugnis gegeben hast, siehe, der tauft, und alle laufen zu ihm!" Was ist das? Eifersucht. Sie sehen und suchen nicht mehr die eigene Sache. Denn es müßte sie ja zur Freude und zum Dank gegen Gott bewegen, daß die Bußbewegung sich ausbreitet, und zwar durch eben jenen, dem Johannes das Zeugnis gab. Aber was sie wahrnehmen, ist nur die Abwanderung der Volksscharen aus dem eigenen Wirkbereich. In ihrem Ausruf liegt: *Wir* müßten doch größer werden, nicht er und sein Anhang! Zu uns müßten sie weiterhin kommen, die Leute, sich zur Buße rufen und sich taufen lassen!

Darauf nun die Johannesantwort: „Ein Mensch kann nur empfangen, was ihm vom Himmel gegeben ist." Das Wort geht zunächst auf Jesus selbst. Wenn jetzt alles zu *ihm* kommt, wenn er alles an sich zieht, so ist er der vom Vater Empfangende, nicht der sich selber Nehmende. „Alles, was der Vater mir gibt, das kommt zu mir", alles in seinem Erlöserdasein kommt von oben, alles darin ist vom Vater gegeben, auch die Macht des Pilatus über ihn. Entsprechendes gilt auch für den „Freund des Bräutigams". Wie Jesu Wachsen, so ist sein, des Täufers, Abnehmen das „vom Himmel Gegebene". Das wahre Licht kommt, im Glanze seines Aufgangs verblaßt der Morgenstern, der ihm voraufging — so ist es von Gott gewollt. Alles so Gegebene aber, alles, was vom Himmel kommt, alles, was empfangen wird, sei es freudvoll, sei es leidvoll, führt auch zum Himmel, vereinigt zuletzt den, der glaubt, mit ihm, dem „der Vater alles in die Hand gegeben" (Joh 3,35).

Wenn wir festhalten, was wir hergeben müßten (weil Demut und Liebe es nahelegen), sei es ein Amt, sei es eine andere Habe, so hört es auf, das „Gegebene" zu sein, es kommt dann nicht mehr vom Himmel, und es führt auch nicht mehr zum Himmel, weder uns noch andere.

Nur die Haltung des Empfangens ist offen nach oben. In sie hinein gibt sich, was von oben ist, während der selbstische Zugriff nach unten geht. Für ein Kind kommt, solange es ein Kind ist, alles vom Himmel, weil es sich nichts nimmt, sondern empfängt. Es kennt keinen Anspruch, es weiß um nichts Zustehendes, es erwartet alles ungeschuldet aus der

Hand der Liebe. Zu dieser Kindeshaltung müssen wir uns bekehren, wenn wir in das Himmelreich eingehen und andere dahinein mitnehmen wollen.

Unser Dienst ist begrenzt durch unseren Auftrag, unsere Fähigkeiten, unsere Schwächen, unser Alter. Andere werden unser Werk aufgreifen, fortführen, werden es vielleicht besser machen als wir: wir wollen glücklich darüber sein, daß Gott sie erweckt. Wenn Gott ihnen mehr Erfolg gibt, wenn sie weiter reichen und tiefer wirken als wir, oder wenn die Auserwählten bei ihnen statt bei uns die Nahrung finden, die sie brauchen, so sei Gott dafür gelobt. Wenn nur auf jede Weise Christus verkündigt wird! Wenn nur Gott allen Raum bekommt! Unser irdisches Leben nimmt ständig ab. Je bescheidener, selbstloser, sachlicher wir unserem Auftrag entsprechen, das vom Vater jeweils Gegebene annehmen, um so gewisser wird Christus zunehmen, in der Weite der Welt wie in der Tiefe unseres eigenen Herzens, bis der Tag anbricht und Gott alles in allem sein wird.

5. Worte Jesu über Maria

Es geschah aber, als Jesus zum Volke redete, erhob eine Frau aus dem Volke ihre Stimme und sprach zu ihm: Selig der Leib, der dich getragen, und die Brust, die dich genährt hat. Er aber sprach: Vielmehr selig, die das Wort Gottes hören und es bewahren (Lk 11,27).

Alle Äußerungen Jesu seiner Mutter gegenüber sind aufs erste Hören von auffallend herber Zurückhaltung.

„Wer ist meine Mutter, und wer sind meine Brüder?" so erwidert er denen, die ihm zumuten wollen, Lehre und Predigt zu unterbrechen, weil seine Mutter und seine Brüder vor der Türe stehen. Dann fährt er fort: „Wer den Willen meines himmlischen Vaters erfüllt, der ist mir Bruder, Schwester und Mutter" (Mt 12,46 ff.). — Ähnlich begegnet er dem enthusiastischen Ausruf der Frau aus dem Volke.

Hier wie dort lenkt er auf Grundsätze ab, die für alle gelten, die in das Reich Gottes eingehen wollen; hier wie dort hebt er den Vorrang der geistigen Verwandtschaft vor der blutsmäßigen hervor.

Die leibliche Abstammung von Abraham und die Ableistung äußeren Gesetzeswerkes ließen das Israel jener Tage auf sein Recht als Gottesvolk pochen; praktisch hintangesetzt wurde vielfach, daß Glaube und Gehorsam dem offenbarenden Gott gegenüber allein der Erwählung würdig machen. Hier hat Jesus immer neu zum Umdenken aufrufen müssen. Nicht die leibliche Nähe zu ihm als solche gab Maria in den Augen Jesu einen Vorrang, sondern ihre Glaubensbeziehung zu ihm und die aus ihr hervorgehende Gleichförmigkeit mit ihm in der Hingabe an den Willen des Vaters. Diese Nähe freilich war von solcher Innigkeit, daß ihre Gottesmutterschaft daraus hervorging, um durch eine Geschichte der Glaubensbewährung hindurch ihr immerwährendes Zeichen zu werden. Auf diesen verborgenen Kern ihrer Erwähltheit weisen Jesu Worte hin, wenn von seiner Mutter die Rede ist. Wer vom Offenbarungsganzen herkommt, für den sind die Erwiderungen Jesu Bestätigung und Weiterführung der Seligpreisung Mariens durch Elisabeth und Simeon (Lk 1,42 ff. und 2,34 ff.). Lukas hat diese Linie zweifellos bewußt gezogen. Mit einer Wendung, die der inspirierende Gottesgeist ihn einzig für Maria finden läßt, hebt der Evangelist noch an zwei weiteren Stellen die einzigartige Beziehung der Jungfrau zum Wort hervor: „Sie bewahrte alle diese Worte und erwog sie in ihrem Herzen" (2,19); „seine Mutter bewahrte alle diese Worte in ihrem Herzen" (2,51).

Aber es will beachtet sein, daß Jesu Worte über Maria doch auch einen Schleier um sie legen, der ihre Gnadenfülle verbirgt; sie akzentuieren nicht ihren Vorrang, sondern wehren umgekehrt ihrer Isolierung. Als ob an ihrer Gnade nicht alle teilnehmen könnten, die Gottes Wort hören und bewahren, die seinen Willen tun! Damit bleibt das Geheimnis seiner Mutter vor Unberufenen und Unbereiteten gewahrt.

Je größer eine Gnade, desto eifersüchtiger ist Gott darauf bedacht, sie im Verborgenen sich vollenden zu lassen. Und desto strenger ist auch der also Begnadete selbst gehalten und innerlich gedrängt, sie vor den Augen der Welt zu verbergen. Gott „sieht im Verborgenen" (Mt 6,6); dort „sah er herab auf seine niedrige Magd", und die Tür, die in diese Kammer führte, soll verschlossen bleiben vor der Neugier und dem Lärm.

Freilich „nichts ist verborgen, was nicht offenbar würde" (Lk 12,2). So wird auch die Stunde anbrechen, da Maria in nicht abbrechender Folge von allen Geschlechtern seliggepriesen wird; das ist ihr eigenes inspiriertes Wort, bezeichnenderweise aber spricht sie es nicht „draußen", sondern „drinnen", zu Elisabeth hin, die wie sie vom Heiligen Geist erfüllt und so einbezogen ist in jenen Bereich, in dem „Gott sieht". In diesem Bereich allein wird auch in alle Zukunft die Prophetie der Jungfrau verstanden und in Erfüllung gebracht, wird sie seliggepriesen. Denn Maria bleibt — mit einem Wort des Hohenliedes zu sprechen, das die Liturgie auf sie anwendet — „der versiegelte Quell und der verschlossene Garten", was zusammenhängt eben mit ihrer Gnadenfülle, mit der Wahrheit, daß sie der vorbehaltene Ort des göttlichen Ausgangs in diese Welt hinein ist. Zugang ist hier nur im Glauben, in dem gleichen, der sie selbst erfüllte, er allein erschließt die Schönheit dieses Gartens und entsiegelt die Quelle, die in ihm strömt und aus dem Dürstende trinken. Damit hängt es zusammen, daß das Verständnis Mariens wie kaum ein anderes an die innere Zugehörigkeit zur Kirche gebunden oder auf sie hingeordnet ist, zu ihr hinführt, wie es andererseits auch die Treue zur Kirche sichert: die rechte Sicht Mariens (das Geheimnis der Kirche wird in ihr mitgesehen) und die aus ihr hervorgehende Seligpreisung lassen „drinnen" bleiben, sie ist Teilhabe an der Sicht, mit der Gott sie sah und sieht, eine Sehübung im Glauben, die empfindlich und schließlich immun macht gegenüber der „Finsternis draußen, welche die Augen verblendet" (1 Joh 2,11).

Zu fragen bleibt, ob eine allzu laute und vordergründige Verehrung Mariens im Sinne Jesu und seiner Mutter sein kann. Die heilige Theresia vom Kinde Jesus hat es bewegend zur Sprache gebracht, wie sie unter einem Marienkult gelitten hat, dessen ganzes Pathos ihrer Erhabenheit gilt und in der die ihres Glaubensweges, der sie uns so schwesterlich nahebringt, kaum mehr gedacht wird. Höchste Distanzierung und Beanspruchung für die eigene Wunschwelt zugleich, so will es oft ein allzu menschliches Verehrungsbedürfnis. — Jesus ließ es nicht stehen, wenn wohlmeinende Äußerungen aus seinem Volke die eigentliche Ebene Mariens (die ihrem Glauben gewährte) auch nur im mindesten verfehlten. Sollten wir nicht auch den Schleier lieben, den er für sie wollte? Es könnte sonst geschehen, daß der Wiedervereinigung im Glauben entgegengewirkt, was ihr im besonderen Maße den Weg bereiten könnte, unser Verhältnis zur Mutter Jesu.

Umgekehrt wird man sich allerdings auch fragen müssen, ob es nicht ein Zeichen erkalteten Glaubens ist, wenn man an Maria wie achtlos vorübergeht in Gottesdienst, Verkündigung und Gebet, wo man sie vorher vielleicht überlaut pries.

6. Worte Jesu an alle

IST ES ERLAUBT, GUTES ZU TUN ODER BÖSES?

„Ist es erlaubt, am Sabbat Gutes zu tun oder Böses, ein Leben zu retten oder es zu verderben?" (Lk 6,9.)

So erwidert Jesus jenen, die ihn hindern wollen, einen Kranken zu heilen, weil es Sabbat sei, die Heilung also auch nur aufzuschieben! Was besagt dieses Wort? Das Gute nicht tun, wenn Gott es nahelegt, es möglich macht, bedeutet das Böse tun. „Wer Gutes zu tun weiß und tut es nicht, dem ist es Sünde" (Jak 4,17). Nicht lieben heißt „im Tode bleiben" (1 Joh 3,14) und den anderen im Tode belassen, mit schuld werden an seinem Tode, also „hassen" (1 Joh 3,15). Dem Leben nicht Raum geben bedeutet dem Tode Raum geben. Die Gelegenheit, Gutes zu tun, die Gott für uns vorsieht, die er „bereitet" (Eph 2,10), ist wie ein Raum, in den sein Geist einströmen will. Geben wir der Liebe in uns Raum, so bekommt sie auch in der Welt Raum. Tun wir aber das Werk nicht, das Gott uns nahelegt, so entsteht ein Leerraum, in uns selbst und in der Welt, Leerraum des Ich, der zum Großraum werden kann, und in ihn stürzen sich zuletzt die Dämonen. Wenn heute ein Drittel der Welt im atheistischen Einflußbereich steht, dann darum, weil solche, die sich Christen nannten, für ihre Brüder in der Welt nicht taten, was Gott wollte. Vielleicht beruhigten sie ihr Gewissen damit, daß sie sagten: ich stehle ja nicht, ich töte ja nicht, ich verstoße nicht gegen das Gesetz, und im übrigen erfülle ich meine kirchlichen Pflichten, sorge für meine Familie, die vaterländischen Belange ... Aber genügt das, um gerettet zu werden? Unser ewiges Heil wird nicht dadurch gesichert, daß wir uns in den Rahmen eines bürgerlich und kirchlich korrekten Lebens einfügen. Denn die noch so peinliche Wahrnehmung einer bestimmten Ordnung, in der wir unser Heil wirken können, ist noch nicht das Heil selbst. Das Heil ist das Leben in der Liebe, die der Heilige Geist in unsere Herzen ausgießt. Was einmal unser jetziges Leben überdauern, was bleiben wird, ist sie allein. Beim Jüngsten Gericht wird nur nach ihr gefragt, ob wir sie hatten und übten oder nicht. Alles, was in unserem irdischen Leben geschah, war nur so viel wert, als es auf sie hin und in ihr geschah. Sie allein machte unser Christsein aus. Denn Christsein heißt gesalbt sein, mit dem Heiligen Geist gesalbt sein, heißt lieben. Ob wir die Salbung haben oder nicht, ob der Geist der Liebe uns bewegt oder die Selbstsucht uns verschließt, daran hängt unser Leben, immer neu. Gott ist Liebe, Gemeinschaft mit Gott gibt es nur in der Liebe. Und es gibt keine neutrale Zone. Entweder wir haben den Heiligen Geist oder den unheiligen Geist. Entweder wir sind Liebende oder in einer uns vielleicht noch verborgenen Tiefe schon Hassende. Entweder wir sind Du-Sager oder Ich-Sager. Entweder wir werden von Gottes Willen bewegt oder vom Eigenwillen. Entweder Gott ist uns Gott, oder wir selbst sind uns Gott, und unser Seelengrund gehorcht dem Widersacher. Entweder wir leben in Gottes Königsherrschaft oder im Einflußbereich des Fürsten dieser Welt. Noch einmal: entweder wir tun das Gute oder das Böse.

Gibt es Kennzeichen für ein Leben in der Liebe?

Ja. Die Bergpredigt nennt sie und das 13. Kapitel des ersten Korintherbriefes. Ein entscheidendes: die Linke weiß nicht, was die Rechte tut bei dem, der liebt im Sinne Gottes. Das heißt zunächst einmal: sein Geben und Hingeben hat etwas Sorgloses, Unbekümmertes, Unverkrampftes, er fragt nicht nach sich selbst und nach der eigenen Sicherung, er fragt einfach nach dem Bruder, der ihn braucht. Sodann: er weiß nicht eines Tages sich oder anderen vorzurechnen, was er tat oder tut; er hat nichts vorzuweisen, wenn es um eine Abrechnung geht; er weiß, daß er nur geben konnte, was er selbst empfing, und daß es zu wenig war, was er weitergab, er bleibt selber von Herzen angewiesen auf erbarmende Liebe.

III. Das Problem des Christseins heute

1. Was sollen wir denn tun?

Auch Zöllner kamen, sich taufen zu lassen, und sagten ihm, dem Johannes: Meister, was sollen wir tun? Er antwortete ihnen: Fordert nicht mehr, als euch angesetzt ist! Ebenso fragten ihn Soldaten: Was sollen wir denn tun? Er sagte ihnen: Mißhandelt niemand, drangsaliert niemand und seid zufrieden mit eurer Löhnung (Lk 3,13—14).

Johannes verlangt von den Zöllnern im Solde der Römer und von den heidnischen Kriegsknechten im Dienst des Herodes nicht, daß sie ihren Beruf aufgeben. Das war kein Laxismus, wie die Pharisäer denken mochten, sondern einfache Unparteilichkeit. Waren die Menschen anderer Berufe auf die Wahrnehmung ihrer Vorteile und die Ausnutzung ihrer Mitmenschen weniger bedacht als die Zöllner? Suchten sie sich und ihre Interessen mit den je ihnen zu Gebote stehenden Mitteln nicht ebenso unbekümmert durchzusetzen wie die Soldaten ihre Macht mit dem Schwert? Sogar die kultnotwendigen Geschäfte im Vorhof des Tempels waren von der Art, daß sie — nach Jesu Wort — das Haus des Vaters zu einer Räuberhöhle machten. In jedem Beruf ist die Umkehr gefordert. Erweist sie sich dort freilich schlechterdings als unmöglich, erweist es sich beispielsweise, daß die Berufskollegen einen bekehrten Zachäus nicht ertragen, weil er ihnen das Geschäft verdirbt, dann wird dieser Zachäus freilich auch vor der Konsequenz, sich vor die Tür setzen zu lassen, nicht zurückschrecken dürfen.

Mir scheint, in dem Geltenlassen solcher Berufe wie des Zöllners und des Soldaten durch Johannes und Jesus selbst kommt etwas Grundsätzliches in den Blick.

In unserer heutigen Arbeitswelt, in der modernen Industriegesellschaft, weiß kaum einer, ob er an einem Babelturm baut oder an einem Haus, das sich nach Gott hin öffnet. Inhalt und Absicht des Unternehmens, für das er tätig ist, sind ihm oft nur in groben Umrissen bekannt. Nicht selten wird er sich fragen müssen, ob der Betrieb seines Brotherrn nicht viel eher Profitlerei und Ausbeutung der Menschheit ist als Dienst an ihr. Oder was soll man von Arbeitern sagen, die in einem Atommeiler beschäftigt sind? Niemand von ihnen weiß, ob das Endprodukt ihrer Anstrengungen ein Fortschritt für die Welt oder die Vernichtung der halben Erde und ihrer eigenen Familie sein wird. Sollen sie die Arbeit niederlegen, um eine zu finden, von der sie sicher wüßten, daß sie ihren christlichen Sozialvorstellungen entspricht? Dann müßten die meisten aus der heutigen Welt hinausgehen. Und woher überhaupt den Einblick haben, den Überblick? Viele werden keine andere Wahl haben, als sich an die Zuweisung ihrer Tätigkeit durch das Arbeitsamt zu halten. Dennoch ist ihre Arbeit nicht sinnlos unter folgenden Bedingungen:

1. Wenn einer sie sachgemäß als die ihm in dieser Weltstunde von der Vorsehung zugewiesene tut.

2. Wenn er die auch noch so geringen Chancen wahrnimmt, Gerechtigkeit und Liebe zu üben, die es vor allem durch mitmenschliche Kontakte an jedem Arbeitsplatz gibt.

3. Wenn einer das Joch einer rein mechanischen Fließbandtätigkeit, die kaum noch der Menschenwürde entspricht, auf sich nimmt, um es als solches mit seinen Menschenbrüdern und als ihr Bruder zu tragen, solange es auferlegt ist. Hier geschieht dann einfach ein Mittragen an der Last der Welt, wie sie durch sich selbst geworden ist; hier ist das ganz konkrete Mitseufzen mit der erniedrigten Kreatur (Röm 8); hier

ist Warten auf den Tag, wo man endlich sein Haupt erheben wird, weil die Erlösung naht.

Im übrigen darf man gewiß auch sagen, daß alle menschliche Arbeit, selbst die armseligste, noch Mitarbeit an der Schöpfung ist, als Mitwirken an der zunehmenden Einheit der Welt, wie man heute immer deutlicher erkennt. Ob dieses Wissen dem Arbeitsethos subjektiv zugute kommt, mag eine Frage sein; auf jeden Fall wird es gut sein, solchen Erkenntnissen Raum zu geben. In der wirtschaftlichen, sozialen und politischen Entwicklung, und das heißt letztlich in allen Arbeitsprozessen, bahnt sich eine zunehmende Verzahnung aller Völker und Erdteile miteinander an. Die Menschheit wächst in der Angewiesenheit aller aufeinander immer mehr zu einem Menschheitsganzen zusammen. Sie wächst unausweichlich zu einer Gestalt aus, die in ihrem objektiven Seinsbestand am Ende als die natürliche Voraussetzung gelten kann für den Plan, den Gott mit der Menschheit hat: ein Plan der Gemeinschaft, der Brüderlichkeit, der Gerechtigkeit, des Friedens und der Freude im Heiligen Geist.

Es widerspräche indes der augenscheinlichen Wirklichkeit, würde man denken, die Menschheit erreiche dieses Ziel ganz von selber auf dem Wege der Evolution, als ob sie auf solche Weise auch Menschheitsfamilie würde, in der einer den andern selbstlos liebt. Insoweit die Entwicklung der Menschheit von rein wirtschaftlichen und mammonistischen Gesichtspunkten gesteuert wird und die inzwischen manifest gewordene Eigengesetzlichkeit dieser Prozesse nicht von besserer Einsicht aufgehalten wird, führt sie nur zu einer Art Globalegoismus auf Gemeinschaftsebene. Nicht zufällig nehmen in demselben Maße, wie die Angewiesenheit aller auf alle universal wird, auch die Erfindungen zu, die die Unabhängigkeit des einen vom andern, die Möglichkeit der Selbstbedienung und der Sicherung vor dem andern und des Anspruchs auf den andern zum Ziel haben. Sich nichts mehr schenken zu lassen brauchen, ja sich nicht einmal mehr vom andern etwas reichen zu lassen brauchen und in jeder Lage einen bestimmten Anspruch geltend machen zu können, dahin geht die von der wirtschaftlichen Großwerbung gesteuerte Massensuggestion. Die vom Fleischbrühautomaten auf dem Bahnsteig bis zum Elektronengehirn reichende Automation bewirkt zugleich den zunehmenden Abbau der personalen zwischenmenschlichen Leistung.

Soziale Miseren, Krankheiten, Langeweile, Wohnungsnot, das alles kann auf die Dauer weitgehend abgeschafft werden durch Geräte, Instrumente, Chemikalien und letztlich durch das Geld. Die Liebe wäre dann auf globaler Ebene gleichsam überflüssig gemacht. Das Resultat wäre eine fortschreitende Entmenschlichung und Entpersonalisierung des Daseins auf dieser Erde. Vermassung statt Vergemeinschaftung. In dieser Perspektive muß man das Wort Römer 8 lesen, das vom Leerlauf der Welt spricht, von der Knechtschaft der Vernichtung, der sie unterworfen ist. Die fortschreitende Aufspaltung und zugleich Vermassung des Menschen kann am Ende nur zu einer entsetzlichen Verödung der Herzen führen. Die Welt wird in ihrer Tiefe schließlich ein einziger Schrei nach Erlösung sein. Die Geschichte vom verlorenen Sohn nähert sich dem Punkt, wo es nur noch die Schoten zu fressen gibt, von denen sich die Schweine mästen, das bedeutet: wo nur noch hergestellt und bereitgestellt wird, was den Anspruch der unersättlichen Sinne nährt, was Neugier, Wißgier, Machtgier und Genußgier haben wollen, wo es in allem Handel und Wandel nur noch um die Außenseite der Dinge geht; was sie von Gott her und für Gott sind, hat keinen Kurswert mehr.

„Und niemand gab ihm" (Lk 15,16). Niemand ist mehr da, der noch gibt und niemand, der noch dankt. In einer wirtschaftlich perfektionierten Welt will schließlich jeder dahin gebracht sein, daß er Ansprüche stellen kann. Das bedeutet aber auch, daß nur noch der Anspruch zählt, nur noch das Geschäft. Es gibt nur noch die Geste des Zugriffs. Hier ist die Peripetie in der Geschichte des verlorenen Sohnes erreicht.

Der Bann der Täuschung über die Fremde, fern vom Vater, in der er seine eigene Herrlichkeit zu finden gedachte, weicht von ihm. Die Enttäuschung setzt sich durch, und damit das Heimweh nach dem Land seines Ursprungs.

„Da ging er in sich und sprach: ich will mich aufmachen und zu meinem Vater gehen." Diese Umkehr der Menschheit wird aber nicht erst in der äußersten Endzeit geschehen. Sie hat längst begonnen in all denen, die die Verlorenheit der Welt und ihres eigenen Herzens durch Gottes Gnade erkannt haben, die von dem Ruf: „Bekehret euch, denn das Reich der Himmel ist nahe herbeigekommen!" erreicht sind. Mitten in einer zunehmend dem Egoismus verfallenen und von Angstträumen einer global werdenden Verlassenheitsneurose geschüttelten Menschheit bauen diese Heimkehrer zum Vater (alle in den acht Seligkeiten Genannten gehören zu ihnen) durch Demut, Gehorsam und Selbsthingabe an einer neuen, kommenden Welt, an der „heiligen Stadt, die aus dem Himmel von Gott herniedersteigt". Denn was immer sie tun, ist schon Zurüstung der jetzigen Welt für das wandelnde und erneuernde Kommen Gottes in sie hinein, wirkt positiv mit dahin, daß die Welt zu einer Gestalt ausreift, die die gott-gewollte Voraussetzung ist für ihre Verklärung durch Gott. Diese Verklärung geht zwar durch eine Vernichtung hin-durch, in der aber nur alles Selbstische und im tiefsten Selbst-zerstörerische der Welt evident gemacht und für immer ab-getan wird. Am Geheimnis der Kreuzigung und der Auf-erstehung wird der ganze Kosmos teilhaben.

Daß ein Leib aufgebaut wird, ist auch dann nicht sinnlos, wenn dieser Leib in seinem Jetztbestand vernichtet wird, sofern er durch diese Vernichtung hindurch zu seiner eigent-lichen Bestimmung hin verklärt wird. Alles, was hier im Gehorsam gegen Gott geschieht, jede noch so geringe Arbeit ist positive Mitarbeit an der Auferbauung des Leibes, der zur Verklärung gelangt, ist schon hier Einbeziehung in Christus auf die kommende ewige Einwohnung durch ihn.

Meister, sieh doch, was für Steine, was für Bauten! Jesus antwortete: Kein Stein wird auf dem andern bleiben, der nicht zerstört wird (Mk 13,1—2).

Entscheidend für das Bauwerk des einzelnen wie der Menschheit ist, ob es sich zu dem kommenden Herrn hin öffnet, oder ob es der Selbstverschließung in die Eigenherrlichkeit dient. Was auf ihn hin und um seinetwillen geschah, dahinein wird er selbst kommen. Was von ihm absah, wird untergehen. Wie jeder einzelne im Kosmos, so kann auch der Kosmos nur, insoweit er von allem Ich und Selbst ausgeglüht ist, zur Verklärung in Gott gelangen. Untergehen wird nur die Diesseitswelt. Wer aber hier mit seiner Arbeit Gott dient, führt sich und dieSchöpfung hinüber in eine ewige Erlösung.

2. „. . . spielend auf dem Erdenrund"

„Und ich entzückte mich Tag für Tag, spielend vor ihm allezeit, spielend auf dem Erdenrund." Dieses Wort aus dem Buche der Weisheit legt die Liturgie am Feste der Unbefleckten Empfängnis in den Mund Mariens, um ihre vorweltliche Existenz im ewigen Gedanken Gottes, aber auch ihr und aller Erlösten Dasein im Neuen Himmel und auf der Neuen Erde zum Ausdruck zu bringen. Der vollendete Mensch: ein spielendes Geschöpf. Spielen gehört also offenbar zum Menschen, wie Gott ihn schuf und will, so daß einer nicht mehr im Sinne des Schöpfers und Erlösers Mensch ist, wenn er das Spielen verlernt oder gar verneint. In einem Gespräch über diese Dinge erwiderte jemand, diese Behauptung erscheine ihm übertrieben, denn dann müsse Spielen auch in den zehn Geboten vorkommen, die doch das ganze Menschenbild enthielten. Die Antwort darauf konnte nur lauten: In der Tat, Spielen kommt in den zehn Geboten vor, und zwar im dritten, in dem Gott uns aufgibt, daß wir ihn durch Muße verherrlichen sollen. Diese Muße soll ebenso dem Gedächtnis der Paradieseskindschaft der Menschheit wie dem ihres Wiedereingehens in die Kindschaftsgnade durch den Tod und die Auferstehung Jesu Christi Raum geben. Aufgaben, die Gott uns stellt, haben immer den Sinn der Aneignung und Mehrung von *Gaben,* die er seinen Kindern schenkt, sie wollen vor ihrem Verlust bewahren, ihre Schönheit tiefer zur Erfahrung bringen, ihren Besitz sichern. Gott ist, auch wenn er fordert, immer der Liebende und Gewährende.

Die Aufgabe, die Gott uns im Sabbatgebot gestellt hat, gilt der Aneignung und Entfaltung der Erlösungsgabe als der Gabe der Freiheit und Freude im Frieden Gottes, der Freiheit von allem irdischen Knechtsdienst, von aller Zweckversklavung.

Fast alles, was wir tun, dient einem Zweck. Wir wollen Geld verdienen, ein Haus bauen, eine Mahlzeit bereiten, ein Examen ablegen, bestimmte Erfolge ernten. Aber damit sind wir noch nicht der ganze freie Mensch. Der Glanz des Lebens liegt nicht im Bereich der Zwecke. Spielen gehört darum in die Erfüllung des *Sabbatgebotes* wesentlich mit hinein. Spielen ist zweckfreies Tun. Es ist nicht erst dadurch sinnvoll, daß man etwas anderes damit erreicht. Darum ist es dem Gebet verwandt.

Leute, die beim Spielen ein schlechtes Gewissen haben, weil sie denken, das sei Zeitverlust, muß man eigens und nachdrücklich daran erinnern, wie sehr Gott unsere Muße liebt. Hat er doch sie, und nicht etwa einen von den Arbeitstagen oder deren Gesamtheit, besonders auf seine Verherrlichung beziehen wollen. Es will uns oft nicht recht in den Kopf gehen, daß wir Gott mehr durch den Sonntag als durch den Alltag, mehr durch eine rechtverstandene Muße als durch die angestrengteste Arbeit verherrlichen. Das dritte Gebot hält diesen Vorrang nachdrücklich aufrecht. Nicht, als ob Gott nicht auch durch die Arbeit des Menschen geehrt werden wollte — das liegt schon mitgesagt im ersten Gebot, in dem Er seine absolute Herrschaft geltend macht und den

Menschen mit seinem Tun und Lassen schlechthin in Dienst nimmt. Unsere Sabbatruhe aber hat eine wertschaffende Bedeutung von besonderem Rang: sie soll die Ruhe Gottes am siebenten Schöpfungstage nachbilden, ja in sich aufnehmen; sie soll Anteil bekommen an der geheimnisvollen Wirkung der *göttlichen* Muße; sie soll mithelfen, das Sechstagewerk in die Vollendung hinüberzuführen. Die Schrift sagt: „Und Gott vollendet am siebenten Tage sein Werk, das er gemacht hatte, er ruhte am siebenten Tage von all seinem Werk, das er gemacht hatte." Es war also die Ruhe Gottes, die die Welt vollendete — offenbar indem sie sich ihr mitteilte, um das Geheimnis ihrer Schönheit und den Paradiesfrieden in ihr auszumachen. Ohne dieses Siegel des Friedens, das die Welt an ihrem Schöpfungsmorgen empfing — und, da der Mensch das Siegel brach, durch Christi Tod und Auferstehung neu empfing — würde sie nicht zu ihrer letzten Bestimmung gelangen, würde es keinen Neuen Himmel und keine Neue Erde geben. So entbehrt aber auch die Arbeit des Menschen als *Mit*arbeit an der Schöpfung der Vollendung und Sinnerfüllung, wenn sie nicht in die Sabbatmuße eingeht und von ihr überstrahlt wird; sie gleicht dann einem Pfeil, der sein Ziel nicht erreicht, einer Brücke, die nicht ans andere Ufer führt, einer Lichtanlage, die ohne Licht bleibt.

In weiten Bereichen der Welt hat die Menschheit die Muße im Sinne des dritten Gebotes verlernt und ist dabei, sie immer mehr zu verlernen — darum versteht sie auch nicht mehr zu spielen. Der Vergnügungskonsum wächst und das Angebot all der Dinge, die den Anspruch der Sinne nähren und mehren; aber diese Anspruchsbefriedigung ist oft mehr Verknechtung als Befreiung. Spielen aber, wie Kinder spielen, hat etwas mit Erlösung zu tun, mit der Herausführung Israels aus der Knechtschaft Ägyptens, aus der Verknechtung durch die Fleischtöpfe ebenso wie durch die Fronherren dieser Welt. Das Gedächtnis der Erlösung, das wir am Herrentag feiern, enthält nicht zufällig in seiner liturgischen Entfaltung alle Elemente des Spiels, nur mit *einem* wichtigen Unterschied zu allem, was sonst in der Welt gespielt wird: hier ist und wirkt das Gespielte zugleich das Bedeutete; was hier im Spiel ist, erinnert nicht nur an Paradies und Erlösung, es öffnet neu in diesen Bereich hinein, es bringt seine Quellen ganz unmittelbar zum Strömen, es schenkt die Gaben des Friedens und des Freiseins vor Gott und für Gott. Diese Gaben neu zu entfalten, in alle Innen- und Außenbereiche menschlichen Daseins hinüberdringen zu lassen, ist als Aufgabe mitgemeint im dritten Gebot; denn dieses gilt nicht nur der einen Stunde der Liturgie, es lautet nicht: „Ihr sollt sonntags in die Kirche gehen", es sondert vielmehr die Gänze des Herrentages, also ein Siebentel des ganzen menschlichen Daseins, für die Muße zur Ehre Gottes aus. Es gibt aber auch allem, was diese Muße vorbereitet und einübt, damit sie als das Wichtigste unseres Lebens überhaupt gekonnt werde, eine göttliche Sanktion. So gehört Spielen in die Aufgabe, die das dritte Gebot stellt, mit hinein. Es gibt übrigens niemand, der es nicht von Haus aus, von seinen gottgewollten und gottgegebenen Anfängen her, gerne täte. Es kommt nur darauf an, dieser ursprünglichen Freude an den Grundformen des Musischen, ohne die seine Hochformen im Gottesdienst nicht wirklich verständlich sind, wieder rechten Raum zu geben, um so die gottgewollte Muße immer besser zu können und sie als unser schönstes Recht in dieser Welt zu begreifen.

Es gibt Menschen, die haben so ein Wesen und stellen es so hin, als ob das Leben etwas ewig Strenges wäre und in saecula saeculorum aus lauter Betriebs- oder Bürostunden oder Kochtöpfen oder sonstwelcher Betriebsamkeit bestünde. Wenn wir ihnen glauben wollten, dann wäre die Muße dazu da, daß es hinterher am Arbeitsplatz immer noch besser klappt. Dabei verhält es sich nach der gottgesetzten Rangordnung genau umgekehrt. Das Ziel des Betriebs ist die Freiheit, das Ziel der Kochtöpfe ist die Ruhe am Abend. Das Ziel der Schule sind die Ferien. Die Ferien sind nicht für die Schule, sondern die Schule ist für die Ferien da. Der

Urlaub ist nicht für den Betrieb, sondern der Betrieb ist für den Urlaub da. Mit anderen Worten: Die mühevolle Arbeit ist nicht Selbstzweck, sie findet ihre letzte Sinnerfüllung in der rechtverstandenen und gelebten Muße. Es sollte von vornherein das Ziel der Schule sein, daß die Kinder mit den Ferien ihres Lebens einmal etwas Rechtes anzufangen wissen, daß sie sie einmal mit tiefem wertvollen Leben zu erfüllen vermögen. Wenn die Schule ihnen das gibt, wenn sie sie dazu erzieht, wenn die Kinder in ihr das Spielen nicht verlernen, sondern in einem immer schöneren und tieferen Sinne erlernen, dann ist es eine wundervolle Schule gewesen.

Der beste Teil des Menschen besteht in seiner freien und vollen Hinwendung zu den reinen und nie versiegenden Quellen seines Lebens, zur ewigen Wahrheit und zu ihrem Aufleuchten in Schöpfung und Offenbarung: im Trinken aus diesen Quellen, im Leben aus diesen Quellen. Vacare Deo, *frei* sein für Gott, so nannten es die Alten.

3. Zeit geht vor Raum

Zur selben Zeit erschienen einige und brachten ihm Nachricht über die Galiläer, deren Blut Pilatus mit dem Blut der Opfertiere, die sie eben darbrachten, vermischt hatte. Er entgegnete ihnen: Meint ihr, daß diese Galiläer, weil sie das erlitten haben, größere Sünder waren als alle anderen Galiläer? Keineswegs, sage ich euch, wenn ihr aber euch nicht bekehret werdet ihr alle gleichfalls zugrunde gehen. Oder meint ihr, daß jene achtzehn, auf die der Turm am (Teich) Siloe stürzte und sie erschlug, schuldiger waren als alle anderen Bewohner Jerusalems? Keineswegs, sage ich euch, wenn ihr euch nicht bekehrt, werdet ihr alle ebenso zugrunde gehen.

Dann trug er dieses Gleichnis vor: Jemand hatte in seinem Weinberg einen Feigenbaum gepflanzt; er kam, suchte Frucht an ihm und fand keine. Da sprach er zu dem Weinbauern:

Siehe, schon drei Jahre komme ich, suche Frucht an diesem Feigenbaum und finde keine. Haue ihn um, was soll er den Boden wegnehmen? Der antwortete ihm: Herr, laß ihn noch dieses Jahr; ich will ringsum aufgraben und Dünger streuen, vielleicht bringt er dann künftig Frucht. Wenn aber nicht, magst du ihn umhauen lassen (Lk 13,1—9).

Wir sind mitgemeint

Dieses Evangelium in unsere Zeit zu übersetzen, fällt nicht schwer. Die technische Zivilisation läßt uns an den geistigen und materiellen Konsumgütern aller fünf Erdteile partizipieren, beteiligt uns aber auch ebenso rasch in Wort und Bild an Unglücksfällen und Schreckensereignissen auf der ganzen Welt. Die Häufung solcher Information hat zur Folge, daß Katastrophen uns oft dann erst wirklich nahe gehen, wenn das Unglück in dichter Nähe passierte oder wenn gar Angehörige oder Freunde Mitbetroffene sind. Erst kürzlich entgleiste nicht weit von hier, zwischen München und Lindau, ein TEE. Die da dem Leben entgegenfuhren, sind plötzlich tot. Dazu nun Lk 13,2 f.: „Meint ihr, daß diese größere Sünder waren als ihr alle? . . . Nein, sondern ich sage euch, wenn ihr euch nicht bekehrt, werdet ihr alle genauso umkommen."

In dieser Katastrophe mit all ihren entsetzlichen Einzelheiten waren wir mitgemeint, sie hatte den Ernst des Zeichens.

Wir durchqueren Räume und haben es immer eiliger. Und sind plötzlich gefragt: wozu? Um Raum zu gewinnen, zu beherrschen, zu sichern und auszuschreiten? Marktraum, Einflußraum, Wohnraum, Wirkraum, Besichtigungsraum? Und Raumdinge herzustellen? Aber war das alles?, das Eigentliche? Jäh endet jede Raumplanung an der Grenze der Zeit. Wenn aber die Zeit zuende ist, haben wir dann auch noch Raum? Welchen? Wohin kommen wir dann? Ist in dem Zeitraum, den wir zu leben hatten und in den Räumen, die wir durcheilten oder in denen wir uns einrichteten, mit uns und durch uns geschehen, was die Zeit überdauert? Welchen Inhalt hatte unsere Eile? Und wohin ging am Ende die Reise?

Wozu der Überschuß da ist

Im Gleichnis Lk 12,16 ff. begegnet uns jener Mann, der reiche Erträge gehabt hat und nun absorbiert ist von dem Gedanken an Raumerweiterung und sichere Kapitalanlage. Ihm wird gesagt: „Du Narr, in dieser Nacht noch wird man dein Leben von dir fordern. Für wen hast du dann deine größere Scheune gebaut?" Die Narrheit dieses Mannes: Er verbringt die Zeit mit Raumdenken. Mehrung und Sicherung des Eigenraums ist sein Ziel. Aber darüber stirbt er. Bevor er das Haus bezieht, stürzt es ihm ein. Sein Raumgewinn erweist sich als Zeitverlust, ja als Ewigkeitsverlust. Welche Chance lag in der Mehrung seiner Vorräte? Er hätte sich Freunde schaffen können, die ihn „in die ewigen Wohnungen aufnahmen" (Lk 16,9). Jeder Überschuß ist dazu da. Wenn einer ihn nicht dafür verwendet, stürzt er am Ende ins Leere.

Die Gefahr des Reichtums: daß einer sich einlebt in die Vorstellung, Zeit sei verfügbar wie Dinge oder Geld, und er sei ihr Herr. Das ist Lüge in der Existenz. Katastrophen sind die Frage nach der Wahrheit unseres Daseins. Flohen wir vor der Wahrheit, vor dem Vergehen der Zeit, in den Schutz der Räume und Dinge? Sie sind nicht feuerfest. Suchten wir dort unsere Geborgenheit? „Wo dein Schatz ist — wo für dich die Kostbarkeit deines Lebens ist —, da wird auch dein Herz sein" (Mt 6,21). Wohin unser Leben ,schaut', dorthin kommt es.

Zeitgerecht leben

In der Daseinsordnung geht Zeit vor Raum*, Gabe vor Aufgabe. Jede gottgewollte Aufgabe steht im Dienst von gott-

*) vgl. hierzu: Abr. J. Heschel: The Sabbath, New York 1966.

geschenkter Gabe, ihrer Entdeckung und tieferen Aneignung. Zeit ist *gegeben*, Raum ist *auf*gegeben. Wenn wir nicht auf die Gabe Zeit eingehen, lösen wir die Aufgabe Raum falsch. Was dienen sollte, wird dann beherrschend, raumgemäßes Verhalten verdrängt zeitgerechtes Verhalten, primär wichtig wird der Mensch, sekundär wichtig wird Gott.

Zeitgerechtes Verhalten ergibt sich aus dem Wesen der Zeit. Einige Hinweise:

1. Zeit kann man sich auf keine Weise besorgen, sie wird immer nur geschenkt. Also hat man sie als verdankt zu erachten. Dankt man für sie dem, der sie schenkt (unterschwellig immer und überall, da sie jeden Augenblick neu geschenkt wird!), empfängt man in ihr auch, was sie überdauert, die Liebe des Schenkenden.

2. Zeit kann man auf keine Weise horten oder behalten. So entspricht es ihr, daß man sie verschenkt, wie sie einem selbst geschenkt wurde. Geschieht das, so wird aus Zeitreich Gottesreich. In der Zeit erhebt sich dann ein „Bau aus Gott, ein nicht mit Händen gemachtes Haus, ewig in den Himmeln" (2 Kor 5,1). Alles Bauen im Raum hat soviel Wert, als es auf diesen Bau aus Zeit hin geschieht, als dieser Bau sein erwarteter Inhalt ist, so wie das Musikinstrument und der Konzertsaal auf die Inspiration des Musikers und auf die Spieler warten.

3. Zeit wird allen Lebewesen gemeinsam geschenkt. Anders als mit allen anderen gleichzeitigen Geschöpfen bekommen wir Zeit nicht. Darum ist die Gemeinsamkeit aller Geschöpfe auch das Ziel der Zeit, und Offenheit für den andern, für alle, ist das zeitgerechte Verhalten.

Nun gibt es freilich nach Joh 14,2 „viele Wohnungen" in dem „Bau aus Gott", der sich in der Zeit erhebt, so wie jedes Instrument in der Symphonie seine eigene Stimme und Klangführung hat. Darum ist es nicht zeitwidrig, wenn jedes Wesen auch seinen eigenen Zeitraum hat, sofern nur jeder Raum sich dem anderen öffnet zu Austausch und Einvernehmen als dem alle umfassenden Ziel. Zeitwidrig, gottwidrig ist Verschlossenheit, die nur das Eigene absichern will, statt daß das Eigene für den anderen Eigenes werde. Einsamkeit hat einen zeitweiligen Sinn, wenn es gilt, in ihr die Voraussetzung für Gemeinsamkeit, *Offenheit,* wiederzugewinnen oder tiefer zu gewinnen. Abgeschlossenheit ist sinnvoll als Vorstufe von Aufgeschlossenheit, wie die Knospe Vorstufe ist vor der Blüte oder wie manche Frucht erst in der Kapsel ihre Reife und Süße gewinnt.

4. Zeit ist auf den hin, der sie schenkt.

Zeitgerecht lebt, wer in der Zeit ihn erwartet.

Zeit ist du-gerichtet. So erlebt sie noch das Kind, der anfangende Mensch, dem die Daseinsordnung noch nicht verstellt ist. Die Zeit des Kindes ist bestimmt vom Dasein, Fortgehen, Erwarten, Ausbleiben und Eintreffen eines Du. Das Evangelium setzt diese Weise, Zeit zu leben, wieder in ihr Recht ein: „Eure Lenden seien umgürtet und brennende Lampen in euren Händen. So sollt ihr Menschen gleichen, die auf ihren Herrn warten" (Lk 12,35 f.).

„Das Himmelreich wird zehn Jungfrauen gleichen, die ihre Lampen entgegennahmen und auszogen, dem Bräutigam entgegen . . ." (Mt 25,1 ff.).

„Der Siegeskranz der Gerechtigkeit ist allen hinterlegt, die sein Wiederkommen liebend herbeisehnen . . ." (2 Tim 4,8).

Die Perle in der Muschel Zeit

Ein offenbartes Paradigma von Zeiterleben ist die Geschichte von den Emmausjüngern. Im Suchen nach dem verlorenen Sinn der Zeit (der ihnen gekreuzigt ist), begegnet dieser Sinn ihnen neu, erfahren und erkennen sie den Offenbarer. Aber im Erkennen geschieht zugleich der Entzug — entsprechend dem Vergehen von Zeit —, im Entzug der Übergang in die neue Erwartung. Das „brennende Herz" der Emmausjünger: Symbol für Zeitgerechtigkeit. Das deutsche Wort für dieses

Brennen: Sehnsucht. Auf das Du des Un-endlichen hin leben: in der je größeren Sehnsucht leben. Sehnsucht entsteht je neu aus Erfahrung, aber auch aus Entzug. Entzug geschieht, damit Sehnsucht wächst in die Tiefe, Höhe und Weite. Jede neue Erfahrung nährt neues Sehnen, ist „Trunkenheit von noch nicht Getrunkenem" (Gregor von Nyssa).

Erfahrung, Entzug und Erwartung, das sind die drei Komponenten des Erlebens von Zeit. Es erwartet Ihn, der die Zeit schenkt, wer Ihn zuvor erfuhr — im Suchen nach Ihm, im begegnenden Bruder, in der Danksagung. Diese immer neue Erfahrung verbirgt sich in der Zeit wie in der Muschel die Perle — für den, der ihm entgegenlebt als dem Ziel aller Zeit.

Von sich selbst weg Ihm entgegenleben aus Dank, das ist der Kaufpreis für die Perle in der Muschel Zeit, der Kaufpreis für Ewigkeit in Zeit (man zahlt dann mit sich selbst). Siehe Mt 13,45 ff. und Eph 5,15—20. Ohne diesen Kaufpreis erfährt man nur Raum. Die Zeit ist dann leer. Und man flieht vor ihrer Leere zu den Dingen im Raum, vor ihrer Stille zu den Geräuschen im Raum.

Gott in Geschichte

Die Bibel bekümmert sich mehr um die Zeit als um den Raum. Ereignisse interessieren sie mehr als Länder und Dinge. Jahwe offenbart sich Israel nicht als Gott eines Raumes, sondern als Herr des Geschehens, der Geschichte — in Ereignissen.

Konstitutiv für das Volk Gottes sind Auszüge: der Auszug Abrahams aus dem Land seiner Väter „in ein Land, das Gott ihm zeigen wird" Gen 12,1; der Auszug der Kinder Israel aus Ägypten, einem Großreich, in dem das Raumdenken alles beherrscht, auch die Gottesvorstellung bestimmt (diese kommt entsprechend auch in räumlich dinghaften Symbolen, „Götzenbildern", zur Darstellung). Aus der Raumenge dieses „Sklavenhauses" (Ex 20,2) führt Gott sein Volk auf den

Weg in die Freiheit. Dem Auszug Israels entspricht in seinen Gedächtnisfeiern, seinen liturgischen Festen, kein Einzug etwa in andere Raumgrenzen hinein. Es feiert Passah, Befreiung, aber nicht Landnahme. Die Feste Israels haben ihr Thema alle im Reich der Zeit.

Das kleine Land, das Jahwe seinem Volk zuweist, ist offen auf Entgrenzung, auf das alle Schöpfung einbegreifende Reich des Messias, in dem mit Gottes Eigentumsvolk zugleich der Mensch schlechthin zu Gottes Eigentum befreit wird, zur Freiheit der Söhne Gottes. In der jahwistischen Paradiesgeschichte wird dieses Reich vorgeahnt, vor-angekündet.

Wir Christen glauben, daß Jesus von Nazareth der verheißene Messias ist, daß sich in ihm als dem Auferstandenen das Land geöffnet hat, das Gott dem Abraham zeigen wollte, und daß Glaube an ihn beginnender Einlaß ist in die vollkommene Freiheit, in das neue Leben aus göttlichem Ursprung. Aber mit dem altbundlichen Gottesvolk warten zugleich auch wir noch auf ihn als den endgültigen Entgrenzer, der alles noch in den Mauern und Grenzen menschlicher Ichgehege Gefangene und Seufzende in seine Freiheit einbeziehen wird — an seinem „Tag".

Geographische Räume, in die Gott sein Volk führt, sind also immer nur Vorräume, Verheißungsräume auf größere Freiheit hin, dazu bestimmt, durch konkrete Erfahrung der befreienden Gotteswirklichkeit und -gegenwart — die einem hier und heute schon im Leben nach seiner Weisung, in Gehorsamseinübung, in Glaube, Hoffnung und Liebe zuteil wird! — die größere Sehnsucht nach ihm selbst und dem Einlaß in seine Sphäre wach zu halten.

In der Offenbarungsgeschichte bilden sich daher alle greifbaren Vorerfüllungen von Verheißung in neue Verheißung um, in einem fortschreitenden Prozeß der Weitung und Verinnerlichung zugleich — bis das Ufer am See Tiberias zum Gestade der kommenden Welt wird, wo der Auferstandene die Seinen erwartet (Joh 21).

Aber das bedeutet nun auch: Die Geschichte Israels und der Kirche ist ein Ringen Gottes mit seinem Volk: Es soll bei aller Kontinuität, die ihm die Weisungen der Offenbarung geben, in der Dynamik des Vorläufigen leben, bis das Ziel seiner Berufung ereicht ist, das Wohnenkönnen bei ihm. Das ist das unterscheidende prophetische Merkmal des Gottesvolkes unter allen anderen Völkern: Zeit soll ihm vor Raum gehen; das heidnische Raumdenken darf bei ihm nicht wieder prävalieren, die Sehnsucht darf nicht stagnieren; stellvertretend, als Zeuge von Gottes Vorhaben mit den Menschen, hat es Pilger und Fremdling zu bleiben, bis das Ziel seiner Berufung und der aller Menschen endgültig erreicht ist. Die avantgardistische Bedeutung des Gottesvolkes liegt in der gelebten Armut, der Offenheit für die Verheißung Gottes, die den in sich selbst hinein verkehrten und gefangenen Menschen herüber ruft in die endgültige und unendliche Freiheit neuen Lebens aus Gott und mit Gott.

Die Sünde Israels, der Kirche, des Menschen: das Versagen vor diesem Prozeß, die Verweigerung des Überschritts über die bisherige Sehnsucht hinaus, das Sichbeschränken auf bereits in Besitz Genommenes: daß man sich mit weniger begnügt als mit dem lebendigen Gott, sich am Ende einen Gott nach seinem eigenen Bilde macht, eingeordnet in ein wachsendes Arsenal von Raumdingen, Riten und Bräuchen; oder aber aus Aufgeklärtheit einen Gott in den Grenzen des bloß Humanen. Gegen solches Raumdenken richtet sich in der Offenbarung der prophetische Protest. „Der Höchste wohnt nicht in Menschenwerk. Was für ein Haus wollt ihr mir bauen?" — dieses Isaiaswort zitiert Stephanus jenen Menschen, deren Denken um Tempeldienst und Gesetzesauslegung, um ausgesparten und abgegrenzten Heilsraum, um tradierte Verhaltensmodelle wie um Endgültigkeiten kreise (Apg 7,49). Das führte zu seiner Steinigung und zur Verfolgung der Jesusjünger.

Zeit läßt arm bleiben, macht arm. Prävalierendes Raumdenken: man hält es nicht länger aus, arm zu sein. Alle Sünden sind Versuche, die Armut des Wartens vorzeitig zu beenden, der Erfahrung der Un-endlichkeit Gottes zu entgehen, eine Leere vorzeitig auszufüllen. Man hält das Stück Wüste nicht aus, das vor dem gelobten Land liegt. Zeit vor Raum, das ist immer wieder die Wüste, (heute vielleicht mitten in einer Großstadt). Wenn die Geschichte Israels wie die keines anderen Volkes eine Geschichte der Leiden, aber auch der immer erneuten Wunder ist — Deportierungen, Verbannungen, Zerstreuung über die ganze Welt hin, und dann wieder Rettung und Heimführung gegen alles menschliche Erwarten —, so hat das in der prophetischen Deutung einen Zusammenhang mit seiner Berufung: Es erfährt immer neu das Veto Gottes gegen die Stagnierungen seiner Sehnsucht und empfängt immer neu die Kraft des Aufbruchs in das Land seines Ursprungs und des Sieges über alle Widerstände seines Weges.

Christentum müßte durch Glauben an den Auferstandenen vertiefte und schlechthin daseinsbestimmende Sehnsucht nach dem göttlichen Du sein, Leben auf den Äon der vollkommenen Freiheit hin. Weil es das weithin längst nicht mehr ist, weil das Raumdenken auch in der Kirche groß wurde, weil Parusieerwartung sie nicht mehr bestimmt, weil Christen weithin nicht mehr Pilger und Fremdlinge, sondern Reiche sind, darum erleben wir heute einen eruptiven Durchbruch von gestauter Sehnsucht bei vielen gottsuchenden Menschen innerhalb und außerhalb der kirchlichen Mauern — als Distanzierung zugleich von einer raumverhafteten und raumbeherrschenden Kirche.

Die Versuchung der Kirche

In der Tat, wir haben viele Jahrhunderte kirchlicher Raumbeherrschung hinter uns, Zeiten, in denen das Raumdenken allmählich obsiegte und schließlich zur völligen Stagnierung der Sehnsucht, zum praktischen Erliegen der Parusieerwartung führte. Das „Ja, ich komme bald" der Apokalypse wird kaum noch ernsthaft geglaubt, das „Maranatha" der Christenheit ist verstummt.

Im Leben der Kirche hat sich die Versuchung Jesu wiederholt. Worin bestand diese? Im Angebot der Welt zu seinen Füßen (Mt 4,8), der totalen Herrschaft über den Raum: daß er all seine Fähigkeiten und Kräfte darauf verwandte, Einflußraum zu gewinnen, daß er seine ganze Zeit für Raumplanung und -beherrschung verausgabte, daß er nicht im Jetzt des Gotteswillens und nicht auf die *Stunde* des Vaters hin lebte, die seines (und unseres) Hinüberganges zu Ihm, sondern auf Raumgewinn hin.

Was wäre das gewesen? Der totale Zeitverlust, mehr: der Verlust Gottes für die Menschheit. — Diese Versuchung Jesu kehrte nach Joh 7,3 f. wieder in der Aufforderung seiner Brüder, sich aus dem wenig geachteten Galiläa nach Jerusalem zu begeben, um mit seinen Machttaten an einflußreicherer Stelle publik zu werden: „Denn es tut doch keiner etwas im Verborgenen, der bekannt zu werden sucht." Der Evangelist fügt hinzu: „Auch seine Brüder glaubten nämlich nicht an ihn." Genau das ist Unglaube — Raumgewinn vor Zeitgehorsam, Mensch vor Gott. Alles wäre auf der menschlichen Ebene verblieben, hätte Jesus die Herrschaft Gottes gebracht, wie seine Sippe es sich dachte.

Genau das ist und war aber auch die Versuchung der Kirche: Verausgabung der besten Kräfte und der wichtigsten Zeit für Raumausbau, für kirchliche Politik. Raumgewinn, Einflußgewinn nicht als das Dazugegebene „denen nachgeworfen, die zuerst das Reich Gottes suchen" (Mt 6,33), sondern als Programm, in Auswertung all der Möglichkeiten, die irdische Mächte anbieten mit ihrem Geld. Gewiß ist das Dazugegebene dann auch das im Dienst des Gottesreiches zu Verwaltende, aber eben um dieses Dienstes willen nie ängstlich Festzuhaltende. Jesus gibt in Jericho alle Chancen von

Einflußraum bei einer großen Menge mit einem Schlage preis, um in das Haus des verachteten Zachäus einzukehren — um *uns* deutlich zu machen: Gottes Jetzt bedeutet unendlich mehr als mein mögliches Morgen.

Daß Jesus nicht in einem Haus geboren wird und nicht in einem Hause stirbt, also jenseits aller Raumgeborgenheit, hat die Bedeutung des Zeichens. Er ist der ‚Weg‘, und darum selbst unterwegs. Das Wort bei Johannes „Sie sahen, wo er wohnte" (1,39), geht nicht auf eine Behausung, es korrespondiert mit dem lukanischen „Muß ich nicht sein in dem, was meines Vaters ist?" (2,49). Auch dieses Wort geht auf mehr und anderes als etwa den eingegrenzten Tempel. Im Hinblick auf diesen sagen ihm die Jünger: „Meister, schau, was für Steine und was für Bauten." Er erwidert: „Nicht ein Stein wird auf dem andern gelassen, der nicht abgebrochen wird" (Mk 13,1 f.).

Glaube — abgegrenzter Besitz?

Mit dem Gewinn an Einflußraum und irdischem Reichtum wuchs in der Kirche auch die Versuchung, den Glauben selbst räumlich zu verstehen, als Wahrheitsbesitz, der Sicherheit und Überlegenheit gibt über die, die weniger oder keine Wahrheit haben.

Was aber ist Glaube in Jesu Sicht? Hunger und Durst nach Gerechtigkeit und Wahrheit, den die Gläubigen mit allen Armen teilen, und der den Jüngern — das ist ihre Erwählung und Sendung! — in der Begegnung mit Jesus Christus je neu gestillt, aber auch je neu geweckt und vertieft wird.

Wenn Glaube nicht mehr bereit und gedrängt ist zu immer neuem Auslangen nach Gerechtigkeit und Wahrheit (im Sinne von Phil 3,12: „Nicht als ob ich es schon ergriffen hätte... ich jage ihm aber nach, nachdem ich von Jesus Christus ergriffen bin"), wenn er nicht mehr Sehnsucht ist und Solidarität mit allen Gottsuchern, dann glaubt man am

Ende an den eigenen Glauben statt an den lebendigen Gott. Es kommt einem dann mehr auf den formulierten Glauben an als auf die Wirklichkeit, der der Glaube gilt. Glaube in den Grenzen solchen Raumdenkens wird am Ende identisch mit kirchlicher Milieugerechtigkeit und mit dem Optieren für Instanzen und Mächte, die das bestehende kirchliche Milieu schützen.

Glaube als Besitz, das bedeutet ferner: Vorrangig wird dann das Maß des Glaubens, das Religionswissen, das orthodoxe Glauben, die aszetische Leistung und die bezeugte Religiosität. Für Jesus dagegen kommt es primär an auf die *Art* des Glaubens, den Senfkornglauben, den Kinderglauben, der von sich selbst nichts hält und weiß, durch alles hindurch aber dem Zug zur Wahrheit vertrauend und wagend folgt. Es ist kein Zufall, daß man in den Evangelien auf diesen Glauben immer wieder gerade bei Outsidern trifft, die nicht in den Sicherheiten eines geschlossenen Systems leben.

Glauben im Sinne der Offenbarung bedeutet, als Gottesvolk alle Sicherheit in der Verheißung haben und daneben nicht noch eine andere Sicherheit haben wollen; bedeutet, sich auf ein unendliches Abenteuer einlassen, auf Wahrheit, die schlechthin unendlich ist — nie ist man je ihr Inhaber —, damit aber auch auf jede Wahrheit, auf neue Wahrheit, wie sie uns der Herr der Geschichte überall da, wo Menschen leben, begegnen läßt, auch bei anderen Religionen und Weltanschauungen, aber auch durch zunehmende Weitung von Verstehenshorizonten in Forschung und Wissenschaft.

Wahrheit — auf Freiheit hin

„Die Wahrheit wird euch freimachen" (Joh 8,32). Dieses Wort läßt uns zur Wahrheit unterwegs bleiben, solange die vollkommene Freiheit nicht erreicht ist, und niemand erreicht sie für sich allein, sondern nur mit seinen menschlichen Weggefährten. Auf dem *Wege* wird die Wahrheit erfahren und das Leben gewonnen, nicht anders, so verdeutlicht es die Geschichte von den Emmausjüngern. Und die Zugesellung des „Fremdlings", der das Herz brennen macht und das Auge auftut, geschieht heute wie damals bei allen Gottsuchenden. Aber heute wie damals ist sie auch unverfügbar, unverdienbar, unverplanbar. Glauben bedeutet immer wieder auch Suchen und im Suchen auf die göttliche Überraschung gefaßt sein, auf das Unfaßliche, das fassungslos macht.

Wenn Glauben aus Raumdenken und Selbstbewahrungsangst nicht mehr für neue Aspekte der Wahrheit offen und zu größerer Freiheit unterwegs ist, dann kommt es zu starrsinniger götzenhafter Identifikation der eigenen Position mit Gott und Gottes mit der eigenen Position, zur Bereitschaft, Gottes vermeintliche Sache zu retten oder zu sichern mit Mitteln, die nicht mehr die armen Mittel der Wahrheit sind, die Jesus Christus heißt; kommt es zur Unduldsamkeit, zum Versuch der Vereitelung von Fortschritten und Durchbrüchen neuen Erkennens und neuen Verwirklichens von Wahrheit. Die Kreuzigung Jesu wurde veranlaßt durch vermeintliche Besitzer der Wahrheit, Fanatiker des Glaubens an ihren Glaubenshorizont, Bewahrer eines raumhaft festgelegten Religionsverständnisses.

Christlicher Glaube ist ein klares Nein gegenüber allen Raumgöttern. Nicht zufällig galten die Christen der ersten Jahrhunderte im römischen Reich als Atheisten. Aus seinem Wesen heraus sucht Glaube nach ständiger Erneuerung und Entfaltung, ist er wachsam nicht nur gegenüber jedem Abweichen von Wahrheit, sondern auch gegenüber jeder Einengung ihrer unendlichen Weite.

Was für ein Haus wollt ihr mir bauen?

„Der Höchste wohnt nicht in Menschenwerk ... Was für ein Haus wollt ihr mir bauen?" (Apg 7,49) — dieses Wort sollte wie ein kritisches Motto über allen Erneuerungsbewegungen in der Kirche stehen, damit nicht wieder die Frage nach Einrichtungen und Strukturen und äußerem Einflußraum ihr primäres Anliegen sei, es ihr also weder um den Berg Garizim noch um Jerusalem gehe, sondern um die Anbetung Gottes im Geist und in der Wahrheit (Joh 4,23); und in dieser apokalyptischen Weltstunde um ein neues Freiwerden des Gottesvolkes für Jesu letztes Wort an seine Gemeinde: „Ja, ich komme bald." Das ,Maranatha' wird nur eine Kirche sprechen können, die wieder eine nach Gerechtigkeit hungernde und dürstende, darum bis ins Herz hinein arme ist, eine Kirche der Sehnsucht.

4. Brotbrechen heute

Brotbrechen — so lautet das schlichteste und zugleich älteste Wort, das wir für das Mahlgedächtnis Christi haben. Wie die meisten biblischen Begriffe bezeichnet und verhüllt es zugleich, es legt die Gedanken nicht von vornherein auf Lehrbuchabgrenzungen fest, es ist offen für Fragen und immer neues Verständnis. Es nötigt uns zu der Besinnung, ob bei der Ausgestaltung, die dieses Tun im Laufe vieler Jahrhunderte erfahren hat, nicht etwas Wichtiges beinahe unter den Tisch gefallen ist, was zu diesem Tisch gehört: eben das Brot brechen. Schon dieses Wort sagt uns, daß hier Brot zerbrochen, zerteilt und ausgeteilt wird, eines oder mehrere in kleine Stücke an viele. Von diesem Vorgang geht Paulus aus, wenn er 1 Kor 10,16 f. sagt: „Ist das Brot, das wir brechen, nicht die Gemeinschaft des Leibes Christi? Denn *ein* Leib sind wir vielen, die wir alle an dem *einen* Brot Anteil haben."

Dem Apostel muß viel gelegen haben an der Gemeinsamkeit des Essens als eines mit-wesentlichen Zeichens für die Einheit des Leibes, die das Herrenmahl zugleich darstellt und begründet. Er rügt es bei den Korinthern streng, daß einige von ihnen bei jenem Abendessen, in welches das Gedächtnis Christi eingebettet war, ihre eigene Mahlzeit vorwegnahmen. „Wenn ihr, meine Brüder, zum Mahle zusammenkommt, so wartet aufeinander!" Galt diese Weisung schon für das gewöhnliche Essen, wieviel mehr für den Genuß des Herrenmahles! Unbrüderlichkeit richtet sich gegen das Wesen der Stiftung Jesu. Wer für sich ißt, mit der kalten Schulter gegen seinen Mitmenschen, wer sich's mit dem Rücken gegen andere gut gehen lassen will und in dieser Verfassung am Herrenmahl teilnimmt, „der wird schuldig am Leibe und Blute des Herrn, der ißt und trinkt sich das Gericht, weil er den Leib des Herrn nicht unterscheidet" (1 Kor 11,27 ff.).

Wie kommunizieren wir heute?

Heute findet keine Brotbrechung mehr statt. Jeder empfängt eine in sich abgerundete Brotgestalt, ein Brot für sich, jeder bekommt das Brot unmittelbar in den Mund gereicht und kommuniziert auf diese Weise dem äußeren Vorgang nach für sich.

Daß das Herrenmahl diese Gestalt bekam, hat nicht nur, ja nicht einmal in erster Linie, praktische Gründe gehabt, wie etwa die Rücksicht auf eine große Teilnehmerzahl, sondern es hat besonders auch die geistesgeschichtliche Entwicklung dahin geführt. Durch Konstantin wurde die Kirche der staatlichen und gesellschaftlichen Ordnung institutionell eingefügt. Christsein war nun das Selbstverständliche, von vornherein Geforderte. Die Versammlung der Christen war das immer schon Vorausgesetzte, die Gegebenheit, um die man sich nicht mehr eigens groß zu sorgen brauchte. So rückte aller Akzent auf die Sammlung des einzelnen nach Herz und Geist, auf die Andacht, die Andächtigkeit. Kirchliche Versammlungen im engeren Sinne hießen im 19. Jahrhundert bezeichnenderweise „Andachten", die Texte für die

Feier des Herrenmahles trugen die Bezeichnung „Meßandacht". Zum Beichtkanon gehörte das Geständnis, daß man unandächtig gebetet habe, während die Frage, ob ein Mitmensch etwas gegen einen habe, im gleichen Zusammenhang vielfach gar nicht ernstlich bedacht oder als zweitrangig empfunden wurde.

Gemeinschaft und Einheit

Vom Konzil her hat sich hier eine entscheidende Wende angebahnt. In einer globalen, zunehmend vereinheitlichten, dazu weithin neuheidnischen Welt wird die Diaspora-Situation der Christen wieder erfahren und empfunden. Damit bekommen Gemeinschaft und Einheit ein neues Gewicht. Die grundlegenden Aussagen der Konstitution über die Kirche bewegen sich nunmehr um die gemeinschaftliche Verfaßtheit des Heils, die uns „nur im Wir der Gotteskinder zum gemeinsamen Vater gelangen läßt" (Ratzinger).

Jesus kam in die Welt, „um die zerstreuten Kinder in eins zu sammeln" (Joh 11,52). Das unerhört Neue des Bundes, den Jesus in seinem Blute schloß, ist die Stiftung unserer Einheit in ihm; in ihr drückt sich unsere Versöhnung mit Gott aus; was ihr dient, was sie herbeiführt, ist so wesentlich, daß zwischen Gottesdienst und Bruderdienst, „zwischen Jesus Christus in der Eucharistie und Jesus Christus in den Armen keine Kluft mehr besteht" (Kardinal Lercaro) — so lehrt, so betont das Konzil.

Die Erkenntnis, daß die Versammlung der Gläubigen im Herrn den inneren Vorrang hat vor der Sammlung des einzelnen, wirkt nun auch zunehmend in die Liturgie hinüber; und von ihr geht die Liturgiekonstitution geradezu aus. Der Priester steht jetzt wieder zur Gemeinde gewandt. Die Kommunionbank als Schranke ist in vielen Gotteshäusern weggeräumt, die Tischgemeinschaft wird in jeder Weise betont.

Nur die jetzige Praxis der Kommunionausteilung ist diesem geistigen Durchbruch noch nicht gefolgt. Sie entspricht darum auch der Bewußtseinslage vieler Gläubiger heute nicht mehr. Bei der Konzelebration erlebt es der Laie, daß allen Mitpriestern das konsekrierte Brot in die Hand gegeben wird, und daß sie es erst zum Munde führen, nachdem allen ausgeteilt ist. Man fragt sich: Warum darf das beim Laien nicht sein? Ist seine Hand nicht würdig entgegenzunehmen, was sein Mund doch aufnehmen darf? Kann man als Begründung für das Festhalten an der bisherigen Praxis die Gefahr der Verunehrung des Heiligen ins Feld führen? Ist der gläubige Christ nicht fähig oder würdig, die Verantwortung dafür mitzutragen, daß Verunehrung nicht geschehe? Freilich wird in Predigt und Katechese alles geschehen müssen, um ihn zu dieser Verantwortung hinzuführen.

Da fast an allem Tun und Lassen des Menschen seine Hand beteiligt ist, kann es sich in den Alltag eines Christen hinein nur heiligend auswirken, wenn diese Hand den Leib des Herrn trug.

Was aber entscheidend für die Brotbrechung und für den Empfang des zerteilten Brotes in der Hand spricht, ist dieses: nur so besteht die Möglichkeit eines wirklich gemeinsamen Mahles. Nur so kommt die Einheit in der Liebe, die dieses Brot stiften will, zu geziemender Darstellung. Alle warten aufeinander und essen das Brot gleichzeitig mit dem Priester. Ist die Gemeinde größer, empfangen die jeweils vor den Altar Hintretenden das Brot und wenigstens je zwei warten aufeinander, um es dann gemeinsam zu sich zu nehmen, *bevor* sie wieder an ihren Platz gehen.

Äußerungen über neue Erfahrung

Ich wurde mir bei diesem Vollzug des Mahles meiner in der Taufe empfangenen Würde bewußt, die sicherlich nicht nur innerlich verborgen, sondern total menschlich zu verstehen ist. Mein ganzes Ich, einschließlich der Sinne und Glieder, ist doch von Christus geprägt. Im ganzen beeindruckte mich die sinnenfälligere „Berührung" mit dem Herrn und der natürliche Verlauf des Mahles, vor allem das gleichzeitige gemeinschaftliche Essen. Christus hat bei keiner Gelegenheit echte und gute natürliche Situationen mißachtet, sie vielmehr für sein gnadenhaftes Handeln mit uns vorausgesetzt. Wir handeln verantwortlich und selbständig in einer innigen Einheit mit ihm. Auch hier eine Möglichkeit zur Verwirklichung von Natürlichkeit und Mündigkeit in der Kirche. Nur Kleinkinder müssen gefüttert werden. Ihr Bestreben geht darauf hinaus, es bald allein zu können. Sicher ist bei den meisten ernsthaften Christen heute ein entsprechendes Stadium erreicht. (Lehrer, 35 Jahre)

Ich war dankbar dafür, beim Mahl des Herrn einmal mit meinem ganzen Menschsein mittun zu dürfen. Am stärksten empfand ich das, als mir vom Priester das Brot Gottes in die Hand gelegt wurde.
Bei Kirchenliedern, die von der „Seelenspeise" handeln, hatte ich immer das Empfinden, daß sie das von Jesus Gemeinte nicht ganz trafen. Es war mir nicht klar, wieso. Jetzt weiß ich es. Meine Hände, die er mir gegeben hat, mit denen ich Gutes und Böses tun kann, durften Ihn halten, und ich durfte essen mit den Gesten, die menschlich üblich sind.
Aber das Wichtigste und Schönste war, daß wir bei dieser Weise der Kommunionausteilung das Brot gemeinsam essen durften. Dabei habe ich erst begriffen, daß Sein Leib wir sind, daß wir nicht allein, nicht ohne liebevolle Offenheit für den andern das Heil ergreifen können! ...
(Lehrerin, 38 Jahre)

Was mich bei dieser Weise des Kommunionempfanges vor allem bewegt? Daß wir das Mahl des Lebens in heiliger Gemeinsamkeit essen. Und daß meine Hand beteiligt ist. Ich weiß, ich bin nicht würdig. Aber wenn der Herr das Wort spricht, das mich „gesund" macht, mich heiligt, damit ich ihn empfangen kann, dann nimmt er meine Hand gewiß nicht aus. Hat er dann selbst in ihr geruht, so ist das wie ein Unterpfand der Erhöhung des Psalmwortes: „Und das Werk unserer *Hände* lenke!" (Ps 89,17). Ist unsere Hand doch maßgeblich an aller Arbeit, körperlicher oder geistiger, beteiligt. Seit ich *so* kommuniziere, geht dieser Psalmvers mit mir wie ein Segen, wie eine Melodie.

(Fürsorgerin, 60 Jahre)

Als ich zum ersten Mal eine Kommunionfeier erlebte, bei der das Brot in die Hand ausgeteilt wurde, erfuhr ich unmittelbar, was Ehrfurcht ist. Diese Praxis fordert förmlich eine Haltung der Ehrfurcht, die den ganzen Menschen jedesmal wieder neu erfaßt. Nie zuvor hatte ich das so unmittelbar und konkret erfahren. (Benediktinerin, 29 Jahre)

Ich weiß nicht, wie ich meine Erfahrung in Worte fassen soll, ich weiß nur, daß der Glaube an Jesus Christus wächst durch diese Art, ihn zu empfangen, und wohl auch die Liebe zu ihm. Ist das nicht das Wichtigste?

(Maurergehilfe, 20 Jahre)

Die neue Form der Kommunionausteilung schien mir dem Wesen der Eucharistiefeier viel mehr zu entsprechen. Es soll doch das Herrenmahl gefeiert werden. Die „Mundkommunion" hat aber die Gestalt der Fütterung, nicht die des Mahles. Wenn nämlich jeder für sich ißt, einer vor dem anderen, wie soll man da an Mahlgemeinschaft denken? So aber können alle aufeinander warten, um dann zusammen das eucharistische Brot zu essen.
Gerade diese Gemeinschaft in der Kommunion war für mich das Schönste. Es war wie bei einer richtigen Familienmahlzeit, wo erst der Vater die Speisen austeilt, wo niemand vorißt und jeder wartet, bis alle empfangen haben. Dann erst, mit dem Vater (wie hier mit dem Priester), beginnen alle zu essen. (Student, 24 Jahre)

Wenn wir vor Gott auch wie Kinder sein sollen, entspricht es dem Erwachsenen doch mehr, das eucharistische Brot nicht mehr in den Mund, sondern in die Hand gelegt zu erhalten. Was spricht dagegen? Die Gewohnheit? Die Furcht vor Entehrung? Schon rein natürlich ist die Hand das Glied des Nehmens und Gebens. Durch Taufe und Firmung ist der ganze Mensch geheiligt. Daher ist die Hand nicht weniger würdig, den Leib des Herrn zu berühren als die Zunge. Schon die Augenblicke des nahesten Anschauens der heiligen Hostie wecken tiefste Ehrfurcht und Anbetung. Gar nicht zu vergleichen mit den manchmal peinlichen Situationen und Verwirrungen — auf seiten des Ausspenders wie des Empfängers — bei der bisher üblichen Darreichung. Zwar habe ich fast 70 Jahre auf die alte Weise kommuniziert, schätze aber weit höher die altchristliche Form, wie sie in den ersten Jahrhunderten unserer Kirche geübt wurde und nach dem Konzil auch für Laien wieder auflebt.

(Lehrerin, 80 Jahre)

NEHMET UND TRINKET ALLE DARAUS

Nach fast einem Jahrtausend hat sich nun in der römischen Kirche auch die Tür zum Gemeindekelch wieder aufgetan. Ob unser Glaubensbewußtsein von der geistlichen Bedeutung dieses Geschehens wohl schon tief genug erreicht ist? Hier geht es um mehr noch, um Wesentlicheres als bei den meisten bisherigen Neuerungen in der Liturgie.

Es war kein Zufall, daß der Laienkelch zunächst solchen Dankanlässen vorbehalten blieb, bei denen der Bund Christus — Kirche besonders im Blick ist: der Brautmesse, der Messe zur Ordensprofeß und den entsprechenden Jubiläen, der ersten Messe nach der Taufe oder der Konversion. Durch diese Einschränkung sollte und konnte uns zunächst einmal ganz neu zu Herzen dringen, welch eigenen Akzent die Kelchkommunion hat: sie ist Bundeszeichen!

Bei Jeremias heißt es: „Siehe, es kommen Tage, spricht der Herr, da schließe ich mit dem Haus Israel und mit dem Haus Juda einen neuen Bund. Ich werde mein Gesetz in ihr Inneres legen und es ihnen ins Herz schreiben; ich werde ihr Gott sein, und sie werden mein Volk sein. Da wird keiner mehr den andern, keiner seinen Bruder belehren und sprechen: ‚Erkenne den Herrn!', sondern sie werden mich alle erkennen, klein und groß, spricht der Herr; denn ich werde ihre Schuld verzeihen und ihrer Sünden nimmermehr gedenken" (Jer 31,31—34).

Entsprechend lauten die Prophetien bei Ezechiel (36,26 f.; 39,29) und Joel (3,1—4).

Beim Abendmahl greift Jesus diese prophetischen Verheißungen feierlich auf und verkündet ihre Einlösung mit den Worten: „Dieser Kelch ist der Neue Bund (und zwar ist er es) in meinem Blute, das für euch vergossen wird zur Vergebung der Sünden."

Das zur Vergebung unserer Sünden vergossene Blut Jesu begründet also den Neuen Bund, und der Kelch enthält ihn. Die von den Propheten verheißene Geistmitteilung und Sündenvergebung geschieht vom Opfer Christi her im Herrenmahl. Die Vergießung seines Blutes und die Geistausgießung, die Darreichung des Kelches und die sündentilgende Geistmitteilung sind in der Tiefe ein Geschehen: Stiftung und Verwirklichung des Neuen Bundes.

Aus dem Abendmahlskelch trinken bedeutet demnach: Eingehen auf den Bund, in den Bund. In einer eigens von Jesus vorgesehenen Symbolik wird die in seinem Blute sich verströmende Liebe Gottes durch Trinken aus dem dargereichten Kelch im Glauben anerkannt und so erkannt, damit aber auch Gottes Sichverströmen im Heiligen Geist. Wer im Trinken des Blutes begreift, wen es ergreift, was Gott in der Hingabe Jesu Christi für ihn tat und tut, den hat Gottes Geist ergriffen.

Es ist ein besonderes Anliegen der johanneischen Verkündigung, diesen Zusammenhang von Kelch und Geist ins Licht zu heben. Im vierten Evangelium führen drei Perikopen, die auf Grund der gleichen Thematik und Symbolik als drei einander zugeordnete Offenbarungsstufen erkennbar sind, zum Kelchmysterium hin.

Joh 4,6—29: „Wenn du die Gabe Gottes kenntest und wüßtest, wer der ist, der mit dir spricht, so würdest du ihn wohl bitten, und er würde dir lebendiges Wasser geben", spricht Jesus zur Samariterin. Das ist ein verborgener Hinweis auf die messianische Gabe, den Geist. Jesus gibt ihn — wenn man ihn darum bittet, weil man weiß, wer er ist, nämlich der Messias, das bedeutet aber: wenn man an ihn glaubt. Glaube ist der Krug, in den sich der Lebensstrom ergießt, Glaube an ihn. Als lebendig erweist sich das Wasser, das er gibt, darin, daß, wer es empfängt, sogleich und zuinnerst gedrängt ist, es weiterzugeben. Der irdene Krug der Samariterin bleibt am irdischen Brunnen zurück; die irdische Lebenserfüllung, die sie bis zur Begegnung mit Jesus suchte, wird reizlos, unthematisch, gegenüber der nun im Heiligen Geiste und seiner Weitergabe gewährten.

Joh 7,37—39: Am Laubhüttenfest, beim festlichen Wasserausgießen im Tempel „ruft Jesus laut: Wen dürstet, der komme zu mir, und es trinke, wer an mich glaubt! Wie die Schrift sagt, Ströme lebendigen Wassers werden aus seinem Leibe hervorgehen. [Johannes fügt hinzu:] Das sagte er vom Heiligen Geist, den die empfangen würden, die an ihn glauben: Denn Heiliger Geist war noch nicht da, weil Jesus noch nicht verherrlicht war." Die Offenbarung an die Samariterin ist in diesem Text um drei Aussagen erweitert. Jetzt sagt der Evangelist ausdrücklich, daß das lebendige Wasser der Heilige Geist ist, und daß ihn empfängt, wer im gläubigen Heilsdurst zu Jesus als dem Christus kommt. Sodann: Dieses lebendige Wasser entströmt dem Leibe Jesu.

Damit ist das Verständnis der dritten Perikope vorbereitet: Joh 19,33—37: „... Einer der Soldaten öffnete mit einer Lanze seine Seite, und alsbald floß Blut und Wasser heraus. Der dies gesehen hat, bezeugt es; sein Zeugnis ist wahr, und jener weiß, daß er die Wahrheit sagt, damit auch ihr glaubt."

Was bedeutet die Feierlichkeit, mit der der Evangelist den Vorgang berichtet? Was bedeutet es, wenn er ausdrücklich sagt, daß sein Zeugnis für die Wirklichkeit dieses Geschehens unserem Glauben gelte? Nun, wir sind an den Ort und die Stunde der geschichtlichen Verwirklichung der voraufgehenden Offenbarungen gekommen. „Ströme lebendigen Wassers" aus dem Leibe Jesu — hier sind sie! Hier in der geöffneten Seite Jesu, in seinem für uns geopferten Leibe ist ihr Quellort. Dieses Blut und dieses Wasser sind nicht Zeichen eines gewöhnlichen Todes, sondern geheimnisvoll identisch mit der messianischen Gabe, dem Heiligen Geist; dieser Tod ist Verherrlichung. Und dieses sich im Blut verströmende Leben verströmt den Geist an den, der „kommt" und „trinkt" im Glauben, und zwar so konkret kommt und trinkt, wie Gottes Erlöserliebe sich konkretisiert im Hervorgehen von Wasser und Blut aus der Seite Jesu. Zweifellos ist hier das Herrenmahl mit im Blick des Evangelisten, insbesondere die Kelchkommunion. Die geschichtliche Konkretion des göttlichen Heilswillens trägt die sakramentale Konkretion, bildet sie vor, darum ihre feierliche Betonung.

Schon bei den Kirchenvätern ist die Perikope Joh 19,33—37 auf Taufe, Eucharistie und Geistmitteilung und damit auf das Hervorgehen der Kirche aus der Seite des Erlösers bezogen worden. Ergänzend sagt der erste Johannesbrief: „Drei sind es, die Zeugnis geben, der Geist, das Wasser und das Blut, und diese drei sind in sich eins" (5,7 f.). Die Liturgie des Herz-Jesu-Festes schöpft aus der gleichen Offenbarungswahrheit. Die geöffnete Seite Jesu, sein durchbohrtes Herz, das ist fortan die Offenheit Gottes zum Menschen hin. Das ist aber zugleich auch der auf Gott hin wieder geöffnete

Mensch: seine Selbstverschließung im Egoismus der Sünde wird durch dieses Äußerste und Konkreteste der Offenbarung Gottes als Liebe gesprengt. Endlich beginnt er, der Liebe zu glauben und wird auf diese Weise wieder offen für den Heiligen Geist und dürstet nach ihm.

Und so konkret wie Gottes Bundeswille als für uns in den Tod gehende Liebe offenbar wird in dem Hervorgehen von Wasser und Blut aus der Seite Jesu, so konkret soll der Erlöste und Glaubende seinen Durst nach Gottes Erlöserliebe, nach Heiligem Geist, auch stillen dürfen: er soll trinken aus dem Kelch, in dem der Herr ihm sein Erlöserblut darreicht.

Die zweifache Gestalt des Mahles

Im vierten Evangelium liegt ein besonderer Akzent auf dem Kelchmysterium. Man spürt ihn noch heraus aus dem Wort des Martyrerbischofs Ignatius, eines Johannesschülers, in seinem Brief an die Römer: „In mir ist nicht Feuer, das auf Materie aus wäre, sondern lebendiges Wasser und murmelndes, das da raunt: auf zum Vater! Mich reizt nicht vergängliche Nahrung. Brot Gottes will ich, das ist Christi Fleisch, und als Trank sein Blut, das ist unvergängliche Liebe." — Die beiden Darreichungen im Herrenmahl nennt Ignatius gesondert. Vom Trank des Blutes sagt er: das ist unvergängliche Liebe.

Wenn wir ein entsprechendes Wort der Ergriffenheit für das Brot Gottes bei ihm vermissen, so dürfen wir uns erinnern, daß dieses der heilige Paulus gesprochen hat: „Weil es *ein* Brot ist, das wir empfangen, sind wir *ein* Leib die vielen, denn wir haben alle an dem einen Brot teil" (1 Kor 10,17). Nehmen wir diese beiden Stellen zusammen, so wird deutlich, wie die beiden Mahlgestalten in ihrer Sinnbildlichkeit einander ergänzen: Wir essen das geheiligte Brot und werden so, was wir sind: der Leib des Herrn. Die Einheit des Christusleibes ist im Blick, das Mysterium der christlichen

Bruderliebe, die Einheit der Brüder in Christus. Die inkarnatorische und die horizontale Heilsdimension hat den Akzent.

Wir empfangen das Blut des Herrn und kommen so an die Erlöserquelle, die in der Todeshingabe sich verströmende göttliche Liebe. Hier öffnet sich der Glaube mehr der vertikalen Dimension des Heils. Gott gießt durch das Blut seines Sohnes den Heiligen Geist in uns aus, das ist je neu Verwirklichung und Verinnigung des Gottesbundes mit uns. Den Akzent hat die Einheit des in Christus geeinten Gottesvolkes mit dem Vater. Bezeichnend der Ruf des „lebendigen Wassers" aus der Seite Jesu, d. i. des Heiligen Geistes, bei Ignatius: „Auf zum Vater!" Im Trinken der unvergänglichen Liebe erfährt er, was Paulus Gal 4,6 sagt: „Gott hat den Geist seines Sohnes in unsere Herzen gesandt, der da ruft: ‚Abba, Vater!'" Dieses Rufen des Sohnesgeistes gleicht in gläubigen Christen dem Murmeln einer Quelle in seiner Unaufhörlichkeit und immer neuen Lebendigkeit.

Warum empfangen wir zuerst den Leib des Herrn, dann sein Blut? Weil wir des Geistes Christi als Leib Christi immer neu und tiefer innewerden. Weil der Neue Bund, dessen Zeichen der Kelch ist, dem Volke Gottes gilt. Als ihm schon Eingegliederte, als in Christus schon Versammelte und Gesammelte, als schon in seiner Liebe Geeinte sollen wir nun das Überströmen seiner Liebe im Blute erfahren, die pfingstliche Vollendung der österlichen Gnade. In der Symbolaussage der beiden Gestalten wiederholt sich in gewisser Hinsicht das Verhältnis von Taufe und Firmung.

Bedeutung des Symbols

Um nun noch einem öfter gehörten Einwand zu begegnen: Geschieht nicht auch in der Kommunion nur unter einer Gestalt die Mahlbegegnung mit dem erhöhten Herrn, die Vereinigung mit ihm und den Brüdern? Gewiß, es gibt heute wohl kaum noch einen Theologen, der das bezweifelt. Aber wir werden im Empfang beider Gestalten tiefer, ganzheitlicher vom Erlösungsgeschehen beansprucht.

Bei jedem Mahl ergänzen sich doch Speise und Trank. Dabei liegt für das Empfinden des Menschen auf dem Trank ein besonderer Akzent, weil hier ein noch tieferes Lebensbedürfnis im Spiel ist. Muß es uns nun nicht tief bewegen, daß Jesus die einfachste und elementarste aller Lebensbetätigungen, die Stillung des Durstes — mit der das Kind nach der Geburt beginnt und der Sterbende aufhört, beide in der völligen Angewiesenheit auf die darreichende Liebe — dazu ersehen hat, uns an das Herz Gottes zu bringen und so unseren Heilsdurst zu stillen? — „Ströme lebendigen Wassers" aus dem Herzen des Herrn, hier im Abendmahlskelch sind sie, in der sakramentalen Wirklichkeit, und nur einer nimmt den Kelch, der Priester? Kann das intellektuelle Begreifen der Wahrheit, daß sich Christus auch im Brote schenkt, das spezifisch Ergreifende gerade des Vorgangs der Darreichung des Kelches mit dem Blute Jesu und des Trinkens aus ihm ersetzen? Macht der Glaube dieses Zeichen des Bundes entbehrlich, wenn Gott selbst es für den Glauben vorsieht?

Im Empfang beider Gestalten sind wir einfach dem Evangelium näher. Dieses hat immer den ganzen Menschen im Auge, den schlichtesten ebenso wie den gescheitesten. Es will nicht so sehr unser Wissen wie unser Staunen und Lieben. Darum spricht es die Sprache der Gleichnisse, der Zeichen und der Symbole, die uns in ihrer Anschaulichkeit wie in ihrer vielschichtigen Bedeutungstiefe je nach dem Maße unseres Glaubens ergreifen und das Heil auch in die Bereiche des Unbewußten hineintragen. Ein wieviel tieferes Verhaften gibt das, als die Lehrbuchsprache der Theologie bewirken kann! Zur Glaubensverkündigung muß der Glaubensvollzug im sakramentalen Zeichen kommen, dann erst ist die Erlösertat in unserer Lebenstiefe verankert. Es geschieht gewiß nicht ohne Einbuße für den Glauben, wenn man die Wahrnehmung eines gottgeschenkten Zeichens ohne dringende Gründe verkürzt. Diese Gründe mögen bestanden haben, aber sie bestehen weithin nicht mehr. Und es ist eine Verkürzung von offenbarter Heilsfülle, und zwar in einem zentralen Bereich, wenn man das Herrenmahl immer nur in einer Gestalt empfängt.

Daß wir jetzt zum Gemeindekelch kommen, hat gewiß auch nicht geringe ökumenische Bedeutung. Bis zum 12. Jahrhundert war in allen Kirchen des Erdkreises die Kommunion unter beiden Gestalten beim gemeinsamen Herrenmahl das Reguläre. Die Ostkirche hat daran nie etwas geändert. Daß man den Kelch in der römischen Kirche verbot, führte zu einem der tiefgehenden Unterschiede im Leben der Kirchen, die noch weit mehr Entfremdung beinhalten als Lehrdifferenzen.

Helfen wir also mit, daß das Tor für den Kelch weiter aufgehe, aber nicht in Willkür und Unbesonnenheit! Denn im Herrenmahl geht es um die Einheit in der Liebe.

5. Ehe heute und immer*

Der Bund, den Sie jetzt schließen, ist verwurzelt und angesiedelt im Gottesbund. Von daher empfängt er seine Merkmale.

Unverbrüchlicher Bund

Gottes Bund mit seinem Volk ist ein ewiger Bund — von Wesen, weil Gott ihn schließt und weil seine Treue ihn aufrechterhält, auch wenn der Mensch ihn bricht. „Wenn wir treulos sind, er ist treu, denn er kann sich selbst nicht verleugnen", heißt es im zweiten Brief an Timotheus (2,13).

*) Eine Hochzeitsansprache

Es hat nie einen anderen als einen ewigen Gottesbund gegeben. Der Bund Jahwes mit Noe, mit Abraham, mit Israel
wird im Blute Jesu als ewiger Bund in seiner unergründlichen Liebestiefe nur offenbar gemacht, erneuert und besiegelt.

Am Kreuz siegt die unaufhebbare Treue Gottes über die
menschliche Untreue.

Bei der Einsetzung des Abendmahles hat Jesus nicht eigens
von einem ewigen Bund gesprochen, als gäbe es den etwa
erst jetzt durch ihn. In keinem der vier Abendmahlsbe-
richte des Neuen Testamentes findet sich dieses Wort.

Er hat gesagt: „Dieser Kelch ist der neue Bund in meinem
Blut...", so 1 Kor 11,25. Bei Lukas: „Dieser Kelch ist der
neue Bund in meinem Blute, das für euch vergossen wird"
(22,20).

Wenn der römische Kanon diese Worte ausweitet und sagt:
Das ist der Kelch meines Blutes, des neuen *und ewigen* Bundes, so ist das lediglich als Erinnerung und Mahnung an die
Unverbrüchlichkeit des einen Gottesbundes zu verstehen.
Das Attribut „ewig" will an dieser Stelle also nicht etwa
besagen, die Neuheit des Bundes, der sich in Jesu Opfer
schließt, bestünde darin, nun erst auch ein ewiger Bund zu
sein, so als sei der Bund mit den Erzvätern und der mit
Israel am Sinai geschlossene noch kein ewiger Bund gewesen.

Israel ist bleibendes Gottesvolk, wenn anders Gott ein treuer
Gott ist. Der Gottesbund mit ihm breitet sich durch Jesu
Opfertod nur aus zu allen Völkern der Erde, bezieht alle, die
an ihn als den Erlöser glauben, in die Erwählung des Erst-
lings ein. Diesen Erstling aber hat Gott nicht verworfen.
Israel ist kein ehedem auserwähltes Volk, wie Paulus im
elften Kapitel des Römerbriefes in geradezu flammendem
Protest gegen eine andere Auffassung betont.

Jesus hat die Bundestreue Gottes gegenüber seiner Braut-
gemeinde Israel ja darin gerade offenbar gemacht, daß er
Palästina nicht verläßt, als die herrschenden Kreise seines

Volkes ihn abweisen und die Chancen der Verkündigung des Gottesreiches in diesem Land immer geringer werden. Jesus wirbt bis zum Tode und durch seinen Tod um die Braut Israel, die Gott mit ewiger Liebe liebt und deren Heimholung in die Bundesvollendung das Erst- und Endziel des messianischen Kommens ist.

Die Ehe partizipiert an dem Ein-für-Allemal des Gottesbundes. Sie ist das Ein-für-Allemal der Liebeshingabe an einen anderen Menschen, in der Liebe Gottes.

Im durchhaltenden Ja zum anderen, das die Konsequenz des Leidens und, wenn es sein muß, des Gekreuzigtwerdens um seinetwillen einschließt, empfängt die Ehe ihren sie selbst überdauernden Wert, ihre geheimnisvolle Fruchtbarkeit, in Kindern der Verheißung, nicht nur des Blutes, in der Ausdehnung der Bundeswirklichkeit, aus der sie selbst lebt, zu anderen, zu vielen hin.

Alle echte Fruchtbarkeit eines Lebens geht aus dem Ein-für-Allemal hervor. Was nicht im Unverbrüchlichen wurzelt, ist brüchig. Wer nur unter Vorbehalten gibt, auf Zeit, nach Laune, nach eigenem Plan, nicht ganz vertrauend, nicht wagend, sondern gleichsam probeweise, der gibt nicht sich selbst. Dann aber bleibt ein Leben in der Tiefe unfruchtbar, es leuchtet nicht, mag es vielleicht auch noch so reich sein an äußerem Glanz.

Neuer Bund

Ihr zweites Merkmal empfängt die Ehe aus der Eingründung in das Mysterium des *Neuen* Bundes. Sie ist mitten in ihrer Unverbrüchlichkeit ein immer Neues, sich von den Wurzeln her Erneuerndes, sie altert nicht, sie ist noch im Altern neu wie am ersten Tag, sie ist — ihrer Berufung nach — bleibende erste Liebe, Liebe, für die der geliebte andere der schlechthin erste in dieser Welt ist und bleibt. Das verdankt sie dem Neuen Bund.

Was bedeutet das Wort Neuer Bund im Munde Jesu — über den Kelch gesprochen? Es verkündet die Einlösung jener Verheißungen bei Jeremias und Ezechiel, die einen leuchtenden Höhepunkt alttestamentlicher Prophetie bilden: „Siehe, es kommen Tage, spricht der Herr, da schließe ich mit Israel einen neuen Bund ... nicht wie der Bund war, den sie brachen ... Ich will meinen Geist in sie ausgießen ... ich werde ihnen ein neues Herz geben und einen neuen Geist in ihr Inneres legen ... Ich werde ihrer Sünde nicht mehr gedenken ... Ich werde mein Gesetz in ihr Herz schreiben ... So will ich ihr Gott sein, und sie werden mein Volk sein" (Jer 31,34; Ez 36,26 ff.).

Diese Worte also greift Jesus auf, wenn er am Vorabend seines Todes spricht: „Dieser Kelch *ist* der Neue Bund (und zwar ist er es) in meinem *Blute*, das für euch und die vielen vergossen wird zur Vergebung der Sünden" (Lk 22,20; Mt 26,28). Die Vergießung des Blutes Jesu und die beim Propheten verheißene Geistausgießung sind in der Tiefe also *ein* Geschehen: Stiftung und Verwirklichung des Neuen Bundes, eines Bundes, in dem sich nicht die Schwäche des Menschen durchsetzt wie im Alten Bund, wo es von Treubruch zu Treubruch ging, sondern die Kraft Gottes, die von Klarheit zu Klarheit führt.

Im Blute Jesu verströmt sich die Liebe Gottes zum Menschen *für* die Menschen, an die Menschen.

Wer dies im Trinken aus dem Kelch des Herrenmahles begreift, wen es bei diesem Trank ergreift, was Gott in der Hingabe Christi für ihn tat und tut, den hat Gottes Geist ergriffen. Und der Geist Gottes im Menschen, das ist der verwirklichte Bund, das ist die erwiderte göttliche Liebe, das ist der Geist der Hingabe Christi an den Menschenbruder — nun auch im Menschen selbst.

Bei der Hochzeit aus dem Abendmahlskelch trinken bedeutet, auf eine besonders gemäße zeichenhafte Weise eingehen auf den Bund, in den Bund, der sich im Blute Jesu schließt im Heiligen Geist, bedeutet den eigenen Bund in diesem

Bund verwurzelt wissen und sich zu dieser Eingründung bekennen.

Bleibende erste Liebe

In allen paulinischen Briefen geht mit dem Indikativ ein
Imperativ einher. Dem Sein entspricht ja ein Sollen, der
Gabe eine Aufgabe. Das von Gott Gewährte ist ja nicht ein-
fach auferlegt, sondern unserer Freiheit anheimgegeben zur
Aneignung, Auswertung und Verwaltung. Wachheit und
Offenheit sind notwendig, damit man die erste Liebe im
Bunde mit Gott und den Menschen nicht verliert, sondern
sie immer neu und tiefer erfährt und bewahrt.
Lassen sie mich darum einige Hilfen nennen, die diesem
Ziele dienen könnten.
1. Setzen Sie Erstwichtiges nie an die zweite Stelle. Erstwichtig ist, was Sie mit Gott verbindet, was diese Ver-
bundenheit erneuert. Ohne die Wahrnehmung der Gottverbundenheit im Glauben, ohne lebendigen Kontakt mit der
Offenbarung verfällt am Ende alles. Erstwichtig ist in der
Ehe der geliebte andere; was ihm dient, ihn erfreut. Erstwichtig ist für Sie beide, was der Ausweitung Ihrer Liebe zu
den Menschenbrüdern hin gegeben und aufgegeben ist, ist
der, dem Sie Nächster werden dürfen. Durch solche Ausweitung wächst nur Ihre gegenseitige Liebe.
Lassen Sie zuweilen auch solche Leute an ihrem Tisch sitzen,
für die das Evangelium die Chiffre „Arme, Blinde und
Krüppel" hat. Erinnern Sie sich auf solche Weise daran, was
es bedeutet, daß Gott Sie an seinem Tisch sitzen läßt.
2. Liebe ist erfinderisch, einfallsreich, schöpferisch. Wenn sie
es nicht mehr ist, hat sie abgenommen oder ging sie gar verloren.
Bleiben Sie erfinderisch im Lieben. Lassen Sie sich immer
etwas Neues, Liebes für den andern, für *die* andern Menschen einfallen. Verweigern Sie darum aber auch nie einen

von der Liebe nahegelegten Verzicht. Er ist für Ihren Bund das gleiche, was das Brennholz ist für das Feuer.

3. Wehren Sie dem Geist der lieblosen Kritik. Kritik am andern ist nicht selten nur eine Kompensation für die eigene Schwäche. Die Fehler des andern sind meine Rechtfertigung. Das Weniger des andern ist mein Mehr.

Heiliger Geist ist Ja-Geist.

Halten Sie fest am *Ja* zueinander und zu allen Geschöpfen Gottes, sonst betrüben Sie den Heiligen Geist.

4. Wechseln Sie nie in die Welt des Anspruchs und der Ansprüche hinüber. Sie ist nicht die Welt Jesu. Wissen Sie sich dem Geheimnis des letzten Platzes verpflichtet, den Er am Kreuz erwählte zu unserer Erlösung. Sie feiern es in jeder heiligen Messe.

5. Verzeihen Sie einander und bitten Sie Gott und den andern um Verzeihung, wenn Sie sich etwas vorzuwerfen haben, am besten zu der Stunde, wo Sie noch wissen, daß Sie Vergebung brauchen, spätestens vor dem Anbruch der Nacht.

6. Lieben Sie die Stille in dieser durchlärmten Welt — die gemeinsame, aber auch die eigene und die ganz eigene des anderen.

Im Gespräch, im Austausch, durch Bücher, durch neue Eindrücke kann man an Erkenntnis gewinnen, sein Wissen vermehren; die rettende und klärende Verwandlung geschieht nur in der Stille. Geben Sie so der eine den andern frei in das Geheimnis seiner ganz eigenen Berufung durch Gott. Die Freigabe ist die vielleicht schönste und wichtigste Gabe, die wahre Liebe dem andern schuldet. Sie werden einander dadurch nicht ferner. Ihre Einheit gewinnt nur an Tiefe.

Das bleibende Geheimnis der gegenseitigen Anziehung hängt in der Ehe davon ab, daß man den geliebten andern nicht nach seinem eigenen Bilde formen will, nicht in Dienst für sein Eigen-Ich nimmt.

7. Fangen Sie neu an, mit gläubigem Vertrauen, das sich ganz wagt und gibt, auch wenn Sie tausendmal schon be-

gonnen haben und doch wieder versagten. Sogenannte schlechte Erfahrungen, die man mit sich selbst und anderen macht, dürfen Sie nicht dahin bringen, die Anfangsbereitschaft in sich zuzuschütten. Gott selbst fängt neu mit uns an, unendlich oft, sooft wir seine Vergebung und seine Gnade brauchen. Das ist ein Kernstück unseres Glaubens. Reifen in der Liebe bedeutet, immer tiefer hineinwachsen in das Geheimnis des Anfangs und immer mehr erkennen, daß wir Anfänger sind.

Diese Hochzeit ist ein neuer Anfang Ihres Lebens. Gott, der ihn gibt, schenkt auch die Vollendung.

6. Zwei Pole christlicher Existenz

Die erste Wirkung des Heiligen Geistes im pfingstlichen Urgeschehen war das Gotteslob der von ihm Ergriffenen — eines das aufgriff, um sich griff, übergriff, auch anderen das Herz für Gott öffnete, wobei es von entscheidender Bedeutung war, daß die Hörer in je ihrer Sprache das Verkündete vernahmen. „Wir hören sie in unseren Sprachen die Großtaten Gottes verkünden", sagen die Parther, Meder, Elamiter und wie sie weiter heißen, die Vertreter der Völker unter dem Himmel (Apg 2,11).

Der zum Gotteslob entflammende Geist der Liebe will sofort, daß andere in das Lob mit einstimmen können, daß sie es in ihrer Sprache hören. Er will alle retten. Und er macht, daß auch wir es wollen. Jedes Gotteslob sucht vom Wesen her ein Wir. Jedes ist in sich selbst schon missionarisch, sofern es nur ein *echtes* Aufstrahlen der Liebe Gottes im Dank ist. Und darum ein zum Bruder hin offenes, für ihn verstehbares. Exklusivität der Liturgie unter Brüdern widerstreitet dem Geist der Liebe, dem die Horizontale ebenso wichtig ist wie die Vertikale.

Geistergriffenes Gotteslob ist wie ein Engel des Herrn, den

der „Glanz Gottes umleuchtet" und der die „große Freude" verkündet (vgl. Lk 2,10). Bezeichnend, daß jene geheimnisvolle Liturgie über den Fluren Bethlehems, die den Anfang machte mit der Verkündigung der inkarnierten „Güte und Menschenfreundlichkeit unseres Gottes", bei den Ärmsten begann. Wollte und sollte sie nicht das Modell aller kirchlichen Liturgie sein? Die Schönheit aus göttlichen Quellen sieht nie ab von den Kleinen und Geringen, kommentarlos ist sie für sie verständlich, dringt so in ihr Innerstes und macht, daß es sich auftut.

Der Glanz des Wahren öffnet für die Wahrheit selbst — den, der sie ersehnt. Die Leute, die das pfingstliche Gotteslob der Jünger ergriffen hatte, hörten mit bereitem Herzen nun auch die Jüngerpredigt.

Gott will, daß er durch die Weltzeit hin in seiner Kirche gelobt werde und daß ihr dies erstwichtig bleibe. So ersieht er sich immer neue Menschen, deren Leben und deren Freude es ist, diesem Dienst in brüderlicher Gemeinschaft nichts vorzuziehen. Zu ihrer Gnadengabe (dem Geist, der Gott Lob singen möchte) gehört der Sinn für Kontemplation, für das meditierende Verweilen in der Welt der Offenbarung, im göttlichen Wort — das dann wie von selbst auch zu einer Antwort führt, wie der Mensch sie Gott schuldet, zur Anbetung „im Geist und in der Wahrheit", in Unabgelenktheit und Lauterkeit; „denn so will der Vater seine Anbeter haben" (Joh 4,23).

Solche Stätten des Gebetes, die gastlich offen sind zum Menschenbruder, ihn zum Miteinstimmen in den Lobpreis einladen und bewegen, sind in unserer innerlich so verarmten Welt ein immer kostbareres Geschenk. Viele wollen nicht verstehen, daß solche Kontemplativen nicht handgreiflichere Werke der Liebe tun. Aber geschieht hier nicht in der Tiefe auch ein Samariterdienst von ganz eigener Art? Unsere tiefste Wunde ist die Abgelenktheit von Gott. Die danklose Existenz ist die schlechthin kranke. Darum, wo immer Gott wahr gelobt wird und solches Lob die Herzen zu Gott öffnen hilft und zum Miteinstimmen bringt, da ist eine Quelle des Heiles aufgebrochen.

Nun kann und darf man aber heute weithin nicht mehr voraussetzen, daß Menschen sich für das Gotteslob der Kirche überhaupt interessieren, es gar aufsuchen. Fabrikarbeiterscharen in einer benediktinischen Liturgie? Eine sehr unrealistische Wunschvorstellung. Aber wie dringt Gottes Geist auch zu diesen Fernen hin? Wie erfahren sie überhaupt von Christus? Es kann wohl nur diesen Weg geben: daß der Künder der „großen Freude" zu ihnen kommt als einer der Ihren, wie Jesus von Nazareth es für die Arbeiter seines Dorfes war, oder daß er mit ihnen geht wie der unscheinbare Christus der Osterevangelien, der Wanderer, der Fremde, der Gärtner, der Mann am Ufer, ohne gleich erkennbaren Anspruch der priesterlichen und messianischen Gestalt.

Um diese Wahrheit wie um einen anderen Pol christlicher und missionarischer Existenz heute kreist ein Mann wie Robinson*. Seine These: die Kirche mit ihren tradierten Gottesdiensten, ihrem formulierten Glaubensbekenntnis und ihren geistlichen Gewändern wird von sehr vielen heute wie ein geschlossener Kreis empfunden, der von Voraussetzungen ausgeht, die man selber nicht mitbringt und der Bedingungen auferlegt, die man für sich selbst als fremd und befremdend empfindet. Dieses Empfinden aber blockiert geradezu den Zugang zum Christentum. Um die Wahrheit zu entdecken, muß dann einer die Chance bekommen, dort anzufangen, wo auch die ersten Jünger anfingen, nämlich bei Jesus als einem ganz gewöhnlichen Menschen.

In einer christlich geprägten Gesellschaft konnte man einen Menschen einfach in die Kirche mithineinnehmen, ihn ihren Gottesdienst mitfeiern lassen, ihm sagen: die Kirche lehrt ..., Dogma ist ..., um daraus weitere Folgerungen für sein Leben abzuleiten. Heute geht der Weg zur Erkenntnis der in Christus erschienenen „Güte und Menschenfreundlichkeit

---

*) „Eine neue Reformation" (Christian Kaiser Verlag)

unseres Gottes" für die meisten Menschen einzig über die Erfahrung.

Die jetzt heranwachsende Generation wird ständig geschult im empirischen Zugang zu allen Dingen. Sie weigert sich, Ergebnisse zu akzeptieren, die man nicht auf dem Erfahrungswege gewonnen hat. Vorbedingung für ihre Wahrheitssuche ist, daß die Resultate noch offen sind. — Gab es das nicht übrigens schon bei Jüngern wie Nathanael und Thomas? Es sind zwei Letztberufene im Glauben (bei Johannes); mit ihrer Fixierung auf Wissenschaft und Empirie, die erst in der konkreten Begegnung mit Jesus selbst überwunden wird, erscheinen sie uns wie Prototypen der Endzeitchristen. Wenn der kirchenferne heutige junge Mensch zu Jesus Christus als der Sinnmitte des Daseins hinfinden soll, so hängt Entscheidendes für ihn davon ab, ob ihm dieser Jesus in einem seiner Jünger überzeugend als Mensch begegnet. Ein Christ überzeugt vor allem als der „Mensch für andere", überzeugt heute den Außenstehenden nur damit, daß er ehrlicher, selbstloser und tiefer am Menschen interessiert ist als jene Menschenbeglücker unserer Tage, für die das Glück des andern zusammenfällt mit der Zugehörigkeit zu ihrer Gruppe und ihren Ansichten.

Von solchen Erwägungen her wird man die Existenz etwa der Kleinen Brüder und Schwestern Charles de Foucaulds zu verstehen haben. Sie versuchen den Armen mit der Frohbotschaft in Tuchfühlung zu bringen, indem sie unter ihnen leben, arbeiten und leiden. Sie helfen es möglich machen, daß die Menschen Christus innerhalb des Zusammenhangs und der Denkformen ihres Lebens- und Arbeitsraumes begegnen.

Es kann heute in weiten Bereichen wichtiger, vordringlicher und der christlichen Berufung entsprechender sein, durch schlichtes unscheinbares Eintauchen unter die Menschen dem Inkognito Jesu zur Verfügung zu stehen, als durch Predigen oder ein anderes offizielles kirchlich-christliches Tun dieses Inkognito zu beseitigen. Die Weltgerichtsparabel sagt uns, daß Christus der Mehrzahl der Menschen als der Unbekannte begegnen will, als jener, der fremd, krank, gefangen, hungrig, durstig, nackt war, und der umgekehrt dem andern tat, was er sich selbst getan wissen wollte, als Verwundeter am Wege also und als barmherziger Samariter, als beides zugleich. Wir sollten glücklich sein, wenn wir ein wenig dabei mithelfen dürfen, daß der Brudersinn, der das Brot mit den Hungrigen teilt und den Fremden im eigenen Zuhause beherbergt, sich ausbreitet. Denn das hat schon viel mit Gottesherrschaft zu tun.

Zu unserem Trost: Was aus dem Hauptmann von Kapharnaum weiter wurde oder aus der Kanaanäischen Frau oder aus dem barmherzigen Samariter, bleibt in den Evangelien Gott anheimgegeben. Auch legt Jesus diesen Menschen keine weiteren Verpflichtungen auf. Er weiß, daß sie Gesegnete seines Vaters sind und überläßt sie der Führung des Heiligen Geistes.

7. Helfen heute

In Jesu Wirken ist weder Hast noch Lärm. Und er tut nicht das Geringste, um mit seinen Werken Eindruck auf die große Öffentlichkeit zu machen. Alle Evangelisten bezeugen seinen Zug ins Verborgene. Zweifellos, von der Lauterkeit und inneren Mächtigkeit des Wesens Jesu gingen heilende Kräfte aus wie von keinem Menschen sonst. Wer in den Strahlbereich seiner Persönlichkeit kam, wurde von dieser Kraft berührt, und das ging nicht selten bis in die zentralen Schichten des leiblichen Bereichs hinüber.

Aber Wunderheilungen gab es damals auch sonst. Krankenheiler, Dämonenaustreiber waren so etwas wie ein Beruf. Was Jesu Wirken von dem ihren unterschied, war vor allem das Wie. Sein heilsmächtiges Tun kam aus seiner Einheit mit dem Vater, aus der Freiheit und Weite seiner Liebe. Jesus hatte viel mehr und Eigentlicheres zu geben als eine vorübergehende leibliche Hilfe. Sein Geben kam aus Gott und führte zu Gott — den, der glaubte. Daß ein durch Jesus Geheilter auf solche Weise erfuhr, wer Jesus ist, der Gesandte des Vaters, daß er sich durch ihn zur Gottbegegnung, zum Erkennen des Vaters führen ließ, darum ging es Jesus.

In der Zeit seines „galiläischen Frühlings" strömen die Scharen ihm zu. Zunächst und zumeist ist es äußere Not, die sie zu ihm treibt. Eine „ganze Stadt" findet sich ein an seiner Tür (Mk 1,33). Er „heilt viele, die an allerlei Krankheiten litten", und „treibt viele Geister aus". Aber dann entweicht er dem Gedränge, begibt sich, unbemerkt, „in der Frühe, da es ganz finster ist", „an einen einsamen Ort und betet dort". Die Vereinigung mit Gott im Gebet ist für ihn das Unabdingbare, immer wieder zu Erneuernde. — Seine Jünger finden ihn und wollen ihn zurückholen. Er entgegnet ihnen: „Laßt uns anderswo hingehen..., damit ich auch dort das Reich Gottes verkünde, denn dazu bin ich gekommen." Das äußere Heilen und Helfen ist für Jesus kein Letztziel.

Seine Brüder legen ihm nahe, sich nach Judäa zu begeben, um mit seiner Wunderkraft an einflußreicherer Stelle publik zu werden, Eindruck zu machen. „Denn es tut doch keiner etwas im verborgenen, der bekannt zu werden versucht" (Joh 7,3—5). Das war Unglaube, wie das vierte Evangelium ausdrücklich sagt. Wäre Jesus auf dieses Ansinnen eingegangen, so hätte er das Eigentliche und Rettende seiner Sendung geradezu verhindert. Die Leute hätten dann nur gesehen, was er konnte, nicht, wer er ist; damit wäre alles auf der irdischen Ebene verblieben. (Die Versuchungen Mt 4,1—11 wollen auf das gleiche hinaus.)

Jesus heilt zwar auch in Jerusalem, aber anders als ein allzu natürlicher Sinn es sich dachte und wünschte. Nach dem Herzen der Brüder gewesen wäre etwa eine Massenheilung all der Kranken und Gichtbrüchigen da am Teich von Bethsaida. Jesus heilt nur einen. Dieser Eine kann und soll zum ‚Zeichen' werden dadurch, daß man ihn und sein Heil im Zusammenhang mit seinem Retter Jesus sieht und den Retter

Jesus im Zusammenhang mit Gott: so aber beginnt man, Gott wieder in den Blick zu bekommen. Und wer Gott sieht, hört auf, sich selbst im Blick zu haben. Um diese Blickwende geht es Jesus. Sie ist das Heil im Personkern. Von hier aus wird der ganze Mensch heil, bleibend heil, und wird die Welt heil. Denn jeder so in der Mitte und von der Mitte her Heile, jeder, der Gott wieder im Auge hat, jeder, der das Licht sieht, ist seinerseits „Licht der Welt", ist einer, der Gott in den Blick bringen hilft.

Jesus hat viel tiefer angesetzt mit seinem Heilstun als es alle jene Hilfsaktionen können, die, für sich genommen, den Menschen am Ende doch wieder seinem Todesschicksal anheimgeben und in seinen Sünden sterben lassen. Dann kann ein Aussätziger leiblich rein geworden sein, aber schließlich wird er doch wieder der Verwesung verfallen. Der Gelähmte kann wieder gehen, aber im Tode wird er kein Glied mehr rühren. „Wenn du Gottes Gabe kennest und *wer der ist*, der mit dir spricht, so würdest du ihn wohl bitten, daß er dir doch lebendiges Wasser gebe", so sagt Jesus zur Samariterin (Joh 4,10). Lebendiges Wasser empfängt nur der Glaube. Wer sich nicht öffnet für das göttliche Geheimnis Jesu, für den, *„der er ist"* und für die Gabe Gottes, für Jesu Geist, der kann nur Wasser bekommen, das irdischen Durst löscht, der kann nur Vorübergehendes, Vergängliches empfangen. Hilfsaktionen sind gut und notwendig, wo immer Menschen in Not sind. Und daß das Empfinden für den notleidenden Bruder sich zunehmend sensibilisiert hat, daß wir wenigstens auf den Zivilisationsstandard hin gesehen eine humanere Welt bekommen haben, ist nicht zuletzt aus der Befreiung zur Mitmenschlichkeit hervorgegangen, die das Christentum bewirkt hat, wohin es kam. Denn, wer von dem lebendigen Wasser getrunken hat, der findet sich gedrängt, es weiterzugeben, der bewegt sich nicht länger im Zirkel des Ichsagens, der beginnt, den Verwundeten am Wege zu sehen. Inzwischen jedoch hat sich das Humane als solches verselbständigt.

Es ist in den ehedem christianisierten Bereichen der Welt weitgehend bereits institutionalisiert in zahllosen Einrichtungen für Kranke, Schwache, Alte und Notleidende jeder Art, in der Sozialgesetzgebung. Aber das Interesse am Menschen bleibt auch mehr und mehr bei seinem äußeren Schicksal stehen. Sein Verlangen nach einer vollkommenen Liebe, nach Ewigkeit, wird in weiten Bereichen weder mehr geweckt noch beantwortet.

Wir Christen würden das Ziel der Frohbotschaft und das Wesen des Heilswerkes Christi verfehlen, wenn wir in der Schaffung und Mehrung humaner Einrichtungen und Strukturen und in Hilfsaktionen aller Art unsere Aufgabe schon erfüllt sähen. Um dann in der Konkurrenz der Weltanschauungen nicht ins Hintertreffen zu geraten, käme es für die Kirchen primär darauf an, durch die Mobilisierung ihrer Kräfte das alles auch zu erstellen und zu erhalten, was inzwischen die Kommunen und die Versicherungsgesellschaften oder sonstige humane Organisationen an hilfreichen Werken geschaffen haben und schaffen. Dieses Bemühen würde dann notwendig unseren christlichen Elan und unsere besten Kräfte in der Nutzung und Auswertung alles dessen, was man im Dienste der Humanität mit Geld beschaffen kann, absorbieren und erschöpfen. Tatsächlich sind wir dahin gekommen, oder wir sind in dieser Gefahr. Wir setzen in einem Maße auf unser intelligentes und materielles Angebot im Dienst der Mitmenschen, daß die Unterbewertung der göttlichen Gnade die unausweichliche Folge ist. Wir liefern uns nicht zuerst und zutiefst an sie aus. Wir haben immer weniger Zeit für das Hinhören auf die Offenbarung und fürs Gebet und immer weniger Sinn für die liebende Ganzhinwendung zum einzelnen Menschen. Wir gehen an gegen Hunger und Krankheit in der Welt, sehen aber nurmehr das Es des Übels, nicht mehr das Du des leidenden Menschenbruders, den Gott uns in den Blick bringt. Wir lassen uns im Vorfeld unseres innersten Auftrags, in organisatorischen, technischen, zivilisatorischen Bereichen festhalten und verbrauchen. So tun wir viel; wir häufen die Aktionen, aber wir machen die Völker nicht mehr zu Jüngern, wie der Herr uns auftrug (Mt 28,18 ff.); wir machen nicht mehr ernst genug damit, daß es um ewige Rettung geht und daß der Name Jesu Christi allein diese Vollmacht der Bekehrung und Verwandlung der Welt hat; daß wir ohne ihn nichts wirklich Rettendes tun können; wir öffnen uns nicht mehr im Glauben vor und in jeder Aktion oder Passion der inspirierenden Wirklichkeit seines Mit-uns-Seins bis zum Ende der Weltzeit. Mit anderen Worten: Wir setzen mehr auf uns als auf ihn, mehr auf äußere Werke als auf die wirkliche Liebe.

Wenn Petrus dem gelähmten Mann an der Schönen Pforte des Tempels sagt: „Silber und Gold habe ich nicht; was ich aber habe, das gebe ich dir: Im Namen Jesu Christi des Nazareners steh auf und wandle!" — und wenn dieser dann „lief und sprang und Gott lobte" — ein Verwandelter! —, so ist diese Geschichte (Apg 3,6 ff.) vorbildlich in Hinsicht auf das Wirken der Kirche gemeint.

Die verwandelnde Macht hat, wer im Namen Jesu Christi des Nazareners spricht und handelt; das heißt, wer je neu so vom erhöhten Christus ausgeht und auf ihn und die in ihm sich öffnende kommende Welt hin lebt, wie Christus vom Vater ausging und, sich für die Brüder opfernd, zum Vater ging; wer also auf ihn, den für uns Gekreuzigten und Auferstandenen, setzt und nicht auf die menschliche Leistung, nicht auf Geld und all jene Werte, die man mit Geld beschaffen und auf die Beine stellen kann. Wohl wird der Christ diese Werte wie alles ihm Begegnende und von ihm in Verwaltung zu Nehmende in den Dienst der Menschenbrüder zu stellen suchen; aber in der wachen Sorge, daß diese „reichen" Mittel nicht die „armen" Mittel Jesu in den Hintergrund drängen; und in der persönlichen Freiheit von Geld. Die Christen der Urkirche beteten um die Zeichenhaftigkeit ihrer Liebe: „Herr, strecke deine Hand aus, daß Zeichen geschehen durch den Namen deines heiligen Knechtes Jesus!"

(Apg 4,30). Was uns Christen zum Zeichen und unser Wirken zeichenhaft macht, ist einzig die Kraft von oben. Und es scheint etwas wie ein Gesetz zu sein, daß diese Kraft erst dann in uns durchdringt und über uns verfügt, wenn die Kategorie Geld nicht mehr in der alten Weise bei uns zählt, wir darauf nicht mehr „unsere Hoffnung setzen" (Sir 31,8—9), zuinnerst frei von ihr geworden sind und damit frei für unseren eigentlichen Auftrag.

Erst eine dem Herzen nach arme Kirche, die wieder ganz auf die Mittel Jesu gestellt ist und die nicht nur theoretisch ernst damit macht, daß ihre erste Aufgabe das Gebet ist und der Dienst des Wortes (vgl. Apg 6,4), erst eine Jüngerschaft, die von Jesus das Beten lernen will (Lk 11,2) und die dann den Glaubensmut hat, sich von Christus auf den Weg schicken zu lassen „wie Schafe mitten unter die Wölfe", „ohne Beutel, Tasche, Schuhe oder dergleichen", wird Werkzeug des Geistes sein können, der das Angesicht der Erde erneuert.

8. Das Überbordende

In der Pfingstwoche kamen mir Verse einer Japanerin* in die Hände, die mich an das Hohe Lied erinnerten. Ganz ähnlich wie dieses enthalten sie das Erbeben eines Herzens in der ersten Liebe zu einem Menschen und darin — freilich völlig absichtslos — zugleich die Grundmelodie der biblischen Aussage über die Liebe, die in Jesus offenbar wurde und die in den von ihm betroffenen Menschen lebt. Wir wollen sieben davon auswählen und sie uns als Brücke zum Meditieren des pfingstlichen Geheimnisses dienen lassen.

Vielleicht muß man zuerst sagen, daß dieses Geheimnis in aller wahren Liebe zwischen Menschen schon darin ist, daß es

---

*) Verse aus: Toyotama Tsuno „Gelöstes Haar", Verlag S. Fischer, Frankfurt/M., 1964.

den Graben zwischen irdischer und himmlischer Liebe, den wir gern ziehen, in Gottes Vorstellung von Liebe gar nicht gibt.

Alle wirklich personale Liebe ist schon aus Gott und hat die Pfeilrichtung auf Gott. Wird in ihr doch die Offenheit des anderen für den unendlichen Gott mitgeliebt, ja als das eigentlich Herzbezwingende geliebt, wenn auch vielleicht völlig unbewußt. Wird aber diese Offenheit mitgeliebt, so wird im anderen Gott geliebt, und Gottes Liebeshauch ist in dem so Liebenden.

Umgekehrt: würde einer diese Offenheit des anderen nicht mitlieben, nicht als sein Eigentlichstes und Kostbarstes suchen und meinen, so wäre das nicht nur die Entgöttlichung der Liebe, sondern auch die beginnende Entmenschlichung. Wo aber Liebe ihre gottgewollte Tiefe hat und sich als solche wahr aussagt, ist das Unsagbare mitgesagt, ist mehr gesagt als der Mund eines Menschen sagen kann, ist Gott ausgesagt.

Wie neu die Welt geworden ist,
ich sehe alles
mit seinen Augen.

Wenn Gottes Liebe im Menschen wohnt, schaut er die Welt mit den Augen Jesu. Das kann der Fall sein, ohne daß er es weiß, ja ohne daß er Jesus selber kennt. Wieviel mehr wird es so sein, *wenn* er ihn kennt! Er sieht dann, daß Gott die Lilien des Feldes kleidet und der Schwalbe zeigt, wie sie ihr Nest baut, er sieht die Schönheit von Armut und Demut, wo immer er ihr begegnet, weil es Jesu Anteil in dieser Welt ist.

Die anderen hören,
was du sagst;
ich höre,
was du nicht sagst.

Wenn Menschen einander lieben, vernehmen sie geheime Anklänge, verborgene Bedeutungen und Verheißungen in

Worten des Geliebten, die für Dritte gewöhnlich und geheimnislos sind.

Gottes Liebeshauch bewirkt, daß wir die Geheimnisse seines Königtums verstehen, daß wir das Lied hören, das in allen Dingen schläft. Und daß in seinem geoffenbarten Wort das Unsagbare für uns hörbar wird. In diesem Wort ist dann für uns ein liebender Anruf, den andere nicht vernehmen können, ein Liebesruf, der uns in Gottes eigenste Welt hinüberruft; eine Kraft, die andere nicht empfangen, die uns — wie Petrus in der Nacht über die Wogen — zu Ihm hinüberträgt.

Seit ich dich liebe,
bin ich nur ich,
wenn ich nicht mehr ich bin.

Ist dieser Vers nicht Brücke zu dem Pauluswort „Nicht mehr ich lebe (als ich), sondern Christus lebt in mir"? Gal 2,20.

Jeden Abend lege ich meine Stirn
auf die Türschwelle;
sie ist das Letzte,
das er berührt hat.

Es gibt den Menschen — oder gibt es ihn nicht mehr? —, der auf dem Heimweg im Schweigen des späten Abends noch einmal die Stirn an die Wand des Hauses legt, das in der Frühe für ihn die Schwelle zu Gott war.

Immer neue Wogen
donnern herab
und schäumen davon,
aber der Wasserfall bleibt derselbe.

Wie trifft doch dieser Vers das Geheimnis der Ausgießung des Geistes!

Was geschah Pfingsten? Ein Wehr wurde hochgezogen. Die Fluten der ewigen Liebe, gegen die sich die Härte der Herzen quer durch alle Zeiten wie eine Staumauer aufrichtete, stürzen nun in den Abgrundtiefen der nach Erlösung dürstenden Menschheit. Auf diese Stunde hin hat Jesus gelebt. „Einer der Soldaten öffnete seine Seite mit einer Lanze, und alsbald gingen Blut und Wasser hervor." Das war der Durchstoß der Mauer. Wasser und Blut und Geist sind in sich eins. Die Stunde Jesu dauert fort. Die Wasser donnern in die Tiefe. Und ihr Gefälle ist dort am größten, wo die tiefste Bedürftigkeit ist, die tiefste Verwundung des Geschöpfes — zu dieser Weltstunde vielleicht in Vietnam.

Der Geist — das *eine*, nie endende und doch immer neue Selbstgeschenk Gottes in seinem für uns dahingegebenen Sohn.

Der Geist ist immer neu,
er singt ein neues Lied in uns,
er taucht die Welt in ein neues Licht,
er liebt das Alte, das Veraltete nicht.
Er ist der neue Anfang, er wirkt ihn.
Dennoch: er selbst verändert sich nicht;
er ist treu, er schenkt die Treue,
aber die lebendige Treue,
die ein immer neuer Anfang im Lieben ist.
Immer neue Wogen donnern herab,
aber der Wasserfall bleibt derselbe.

> *Seit ich Nacht für Nacht*
> *auf seine Schritte warte,*
> *weiß ich erst,*
> *wieviel Geräusche*
> *in der Stille geschehen.*

Gottes Liebeshauch im Menschen: das ist Warten auf die Parusie, auf das Kommen des Geliebten, die Nacht dieser Weltzeit hindurch. Um dieses Wartens, nein um dieses Kommens willen, wird von denen, die ihn lieben, die Stille geliebt.

Denn nur in der Stille gibt es das Lauschen. Und erst im Lauschen ist die Wahrheit des Wartens, nimmt das Herz wahr, was den Erwarteten vorverkündet — das Geheimnis aller Dinge aber ist, daß sie ihn präludieren; nur im Lauschen hört einer den nahenden Schritt und das leise Pochen des Freundes an die Tür.

> *Immer liebe ich dich,*
> *am tiefsten aber,*
> *wenn du mich belügst.*

In diesem Vers ist eine Ahnung von der Tiefe der Liebe Jesu. Wann hätte er uns tiefer geliebt, als da er durch uns für uns starb? Als die Lüge unseres Lebens der Wahrheit Gottes am ärgsten widerstand, als wir ihn an ein Kreuz nagelten, um ihn loszuwerden, ihn, der einen anderen Gott offenbarte, als unser Ich und Selbst ihn will — da wurde erst die Tiefe seiner Liebe offenbar. Darin, daß er *für* uns litt, was er durch uns litt. Die Wahrheit dieses Liebestodes entlarvte und überwand unsere Lüge. Die Vergebung war und ist die Tiefe der Gabe, die Gott gab und gibt.

Immer liebe ich dich, am tiefsten aber, wenn du mich belügst. Wir selbst, wir Treulosen, leben von solcher Liebe. Geben wir sie auch weiter? Lieben wir mit ihr, aus ihr — auch den, der uns enttäuschte, uns belog? Lieben wir ihn auch dann noch und erst dann so tief, wie wir geliebt wurden?

Wenn wir aber nicht vermögen, was Liebe eines Menschen schon vermag, wie können wir sagen, daß wir die Liebe Gottes in uns haben?

Anstelle eines Nachworts

Alles durch Ihn und auf Ihn hin

Ist die Thematik der Bibel mit dem Wort Bekehrung wirklich auf ihren Nenner gebracht? Im selben Augenblick, wo diese Vokabel aufhört, lediglich eine begriffliche Feststellung zu sein, wird ihr Ungenügen verspürt und eine andere tritt an ihre Stelle, ein Name, der nun, wie für Paulus vor Damaskus durch einen alles erhellenden Blitz oder wie für viele andere, wenn sie zum Glauben kommen, durch eine zunehmende Evidenz, zum Nenner der Schrift, der Welt und der Schöpfung wird: Jesus Christus. So bildet den Abschluß dieser Sammlung die Meditation eines Schriftwortes, das diesen einen Nenner zum Thema hat.

Alles ist durch ihn und auf ihn hin geschaffen. Und er ist vor allem, und alles hat in ihm Bestand. Er ist der Anfang, Erstgeborener aus den Toten, damit er in allem den Vorrang habe. Denn es hat Gott gefallen, in ihm die ganze Fülle wohnen zu lassen und durch ihn alles zu versöhnen, auf ihn hin, indem er durch das Blut seines Kreuzes Frieden stiftete (Kol 1,16—20).

Die tiefste Einsicht in das Weltganze und die folgenreichste Erkenntnis, die wohl je einem Menschen zuteil wurde, spricht sich in diesen Kolosserbrief-Worten aus. Der sie niederschrieb, erkannte: Dieser an einen Galgen genagelte arme Jude Jesus von Nazareth ist der Sinn, die Mitte und das Ziel des Weltalls. Auf ihn hin wurde es entworfen und geschaffen, durch ihn besteht es, in ihm gelangt es zu seiner letzten Bestimmung.

„Er ist *vor* allem: der Anfang." „Anfang" ist hier wie im Schöpfungsbericht und im Johannesprolog nicht als zeitlicher

Beginn zu verstehen, sondern als das allem Vorausliegende, allem Vor-gehende. Der Wurf, der Ent-wurf der Schöpfung hat die im ewigen Wort schon präexistente Christuswirklichkeit zum Grund, die Menschwerdung Gottes und einen durch Gottes Geist verklärten Kosmos zum Ziel. Er, Christus, ist der Keim, aus dem die Evolution der Welt hervorgeht, und in dem das Weltganze einmal seine endgültige Gestalt erreicht. Der erste Satz der Genesis und der erste Satz des Johannesevangeliums korrespondieren miteinander: „Im Anfang schuf Gott den Himmel und die Erde" (Gen 1,1), „Im Anfang war das Wort . . . und das Wort ist Fleisch geworden . . . und wir haben seine Herrlichkeit gesehen . . ." (Joh 1,1). Schöpfung ist auf Menschwerdung und Herrlichkeit hin. Es gibt einen ähnlichen Bogenschlag von der Schöpfungsgeschichte zur Christuswirklichkeit im zweiten Korintherbrief (4,6): „Der Gott, der da sprach: ‚Aus der Finsternis leuchte Licht!', hat es in unseren Herzen aufleuchten lassen zum Licht der Erkenntnis der Herrlichkeit Gottes im Antlitz Jesu Christi." Paulus versteht die Lichtung des Chaos im Anbeginn als prophetische Vorverkündigung der Erleuchtung des Menschen durch Christus: Mit der Glaubensgnade beginnt sie, in der Verklärung mündet sie; die verwandelnde Macht, die das Antlitz Jesu Christi über den zum Glauben Gelangten hat, führt bis zum Schauen Gottes.

Auch als Christen leben wir hier noch in der irdischen Begrenztheit und im Dunkel einer weitgehend unerleuchteten, darum zuinnerst chaotischen Welt, deren „Gestalt am Vergehen ist" (1 Kor 7,31). Mit einem Rest oder einem Teil unseres Wesens und unserer Triebgerichtetheit sind wir ihr noch verhaftet und darum von der Gefahr des Zurücksinkens in sie hinein bedroht. Es gibt in der Welt, aufgrund ihrer Sünde, einen Sog der Finsternismächte, dem wir entrissen sind (Kol 1,13), der sich aber immer noch geltend macht, sofern wir weiter zum Bösen neigen, unlustig sind, die Scheidung zwischen Licht und Finsternis, die sich in unserer Wiedergeburt vollzog und die uns auf die Seite des Lichtes stellte, in der immer neu notwendigen Entscheidung nach- und mitzuvollziehen. Es bedarf darum der immer neuen ‚Anfangs'-Gnade damit wir uns von der Aufdringlichkeit des Angebotes der Jetzt- und Ichwelt „samt ihrer Lust" (1 Joh 2,17) nicht übermächtigen lassen; es braucht das immer neue Erwecktwerden und Erwachen, den immer neuen Aufbruch, um das „Licht des Lebens" nicht wieder zu verlieren, um konsequent hinüberzuschauen und hinüberzuschreiten in die kommende Welt, die in Christus ihren endelosen Anfang hat. Nur so aber versteht man Erlösung richtig. Wir dürfen neu anfangen, immer wieder, wo wir auch stehen, ein Leben hindurch. Glauben bedeutet, zum Anfänger geworden sein und immer mehr zum Anfänger werden, zunehmend danach dürsten, daß Gott uns den Anfang schenke, in unendlicher Langmut immer neu schenke, so daß wir ihn endlich völlig vorbehaltlos mitvollziehen. Wenn man das Wort „Anfang" mit „Christus" gleichsetzt, heißt „Christ" soviel wie „Anfänger". „Er ist der Erstgeborene von den Toten." Die Todeslinie ist durch ihn überschritten. Als erster ging er durch den Tod, durch sein gekreuzigtes Fleisch wie durch einen zerrissenen Vorhang hindurch leibhaftig in Gottes Lichtherrlichkeit ein. Durch den Glauben an ihn, durch die Erleuchtung, haben auch wir unseren eigentlichen Tod hinter uns (s. Joh 11,26). Glauben aber heißt, *ihn* im Auge haben und im Auge *behalten* — dann, nur dann, hat der Tod keine Macht über uns, dann „wandeln wir nicht im Finstern, sondern haben das Licht des Lebens," dann bewegen wir uns im Strahlbereich seines Wesens, dann werden wir von seinem Heiligen Geist erreicht, durchglüht und bewegt. Es gibt aber immer wieder auch wir unseren eigentlichen Tod hinter uns (vgl. Joh 11,26). haltene" Auge; die Nahsicht setzt sich wieder an die Stelle der Glaubenssicht und steuert uns. Wenn jedoch aus der Tiefe des Christuslebens in uns, das mächtiger ist als die verdunkelnde Macht, das innere Licht wieder durchdringt, wenn uns aufgrund der versöhnenden Macht des Blutes Christi der Friede neu geschenkt wird, wenn wir so immer wieder anfangen, von uns selbst abzusehen, und aufhören, Egoisten zu sein, dann nahm dieses Licht auch die Sündenspur der Verdunkelung weg, dann räumte der Geist das Haftende, für Gott Undurchlässige dieser Sünde wieder in uns aus. Die einigende Macht ist mächtiger als die trennende; der Geist ist die Vergebung.